JN441120

일상을 벗어난 철학

일상을 벗어난 철학

오세찬 지음

이음과펼침

프롤로그

작년 가을, 책을 내기 위해 글쓰기를 시작했다. 매일 한 편 두 편 글을 써내려 가면서도, 일상에서 스치듯 지나가던 나의 사소한 생각들이 책으로 나온다는 것이 실감 나지 않는다고 썼다.

그렇게 쌓여가던 글들은 은사님의 도움으로 세상에 나왔다. 여전히 많이 부족하고 서투른 생각들이지만 글로 쓰는 과정에서 다듬고 정리하다 보니 머릿속도 함께 정리될 수 있었다. 글을 쓰고 나면 하루가 정리되는 기분이었다.

주변에서는 책을 냈으면 작가님이라고 말해주지만 내가 작가라는 명칭을 달아도 될지 걱정했다. 내가 쓰는 이야기는 소소한 일상 경험에서 느낀 것들을 적은 것일 뿐이다.

하지만 이 책이 내 성장 과정을 여실히 보여줄 것이라는 생각으로 한 줄 한 줄 적었다.

사실 사람은 저마다의 인생 스토리가 있다. 그것을 정제된 언어로 표현하고 다듬어서 엮어낸 것이 책이다. 작가를 대단한 것으로 생각하고 있었지만, 사실은 모두가 작가인 셈이다.

그러니 내 이야기도 충분히 책으로 낼 만한 것이었다고 생각하기로 했다. 어떤 이에게는 공감되고 어떤 이에게는 이런 생각도 할 수 있겠구나 정도의 의미로 다가갔으면 좋겠다.

여전히 내 책이 나왔다는 사실이 실감 나지 않는다. 난 바뀐 게 없는 것 같고, 내 책은 내 것 같지가 않다. 책을 내고 지인에게 내 책을 선물할 때, 책을 몇 부 찍어냈냐는 질문을 받았다.

순간 머릿속이 새하얘졌다. 지인에게는 횡설수설하며 둘러댔지만, 직접 쓴 책이라고 주변 분들께 나눠드리는 데 몇 부 출판했는지조차 모른다는 게 부끄러웠다. 책을 쓴다고 하면서 수동적인 태도로 글만 쓴 것은 아닌지 돌아보게 되었다.

그래서 이번 책에는 더욱 관심을 기울이고자 했다. 내가 책을 출판한다는 것의 의미를 다시 한번 되새기고, 지금의 기록에 부끄럽지 않은 내가 되도록 더 성장하는 이야기를 담아야겠다.

첫 책에는 내가 몇 년에 걸쳐 공상했던 시간 동안 나의 경험을 떠올리며 반성하듯이 했던 생각들을 담았다면, 두 번째 책에는 훈련소를 다녀오며 배운 것과 느꼈던 것들, 그리고 나의 생각 등을 담고자 했다.

첫 번째 책처럼 결국 반성의 이야기와 더 잘해야겠다는 다짐만 가득한 것 같아 아직은 스스로 많이 부족하다고 느낀다.

그럼에도 더 성장해야만 하기에 많은 책을 읽고 경험 속에서 배운 것을 떠올리며 생각하는 것을 멈추지 않을 것이다.

앞으로 나의 기록들이 점점 더 깊은 내용들로 채워졌으면 하는 바람이다.

다시 한번 책을 낼 수 있도록 도와주신 은사님께 감사의 말씀을 올린다.

목차

흔들리는 자신

지난 가을, 나의 체력 상태와 이런저런 상황을 고려하여 ROTC에 지원했다. 입대 이전부터 돈을 준다는 장점과 군대에서 28개월을 복무해야 한다는 단점을 두고 많이 고민했다.

조언을 구하기 위해 주변 사람들에게 ROTC를 지원할 의향이 있다고 밝혔다. 당시 거의 서른 명이 넘는 사람들에게 질문했다.

아마도 나는 "ROTC? 좋지! 한 번 해봐." 하고 누군가 내 등을 밀어주기를 바랐던 것 같다. 그러나 돌아오는 대답은 예외 없이 모두 NO였다. 누군가는 소극적으로 말렸고, 누군가는 전면적으로 반대하며 나섰다.

반대 이유는 정말 다양했다. 소위 월급이 병사 월급보다 적은데 왜 가냐, 군대는 최대한 짧게 다녀와야 한다, 가서 고생하고 받는 돈보다 아르바이트 한두 개 뛰고 버는 돈이 더 많다는 등.

군대에서 휴가를 나온 친구에게 "군대라는 건 정말 다양한 인간 군상을 만나게 되는 곳이야. 상상을 초월하는 사람들도 널리고 널렸는데, 이 사람들을 통제한다? 말도 안 돼."라는 말을 듣기도 했다.

이렇게 많은 반대에 부딪히니 다시 생각해 보게 됐다. 내가 너무 알아보지도 않고 덜컥 지원하려고 하나 싶었다. 솔직하게 말하면 단기 복무 장려금 1,200만 원을 준다는 사실에 혹해서 ROTC에 가려고 했다.

그런데 주변 친구들의 진심 어린 반대를 받고 나니 망설여졌다. 정보도 어설프게 찾아봐서 주변 친구들의 이야기가 전부 사실인 줄만 알았다. 그래서 더욱 선택이 망설여졌다.

실제로 지원하게 된 건 거의 반년 이상 고민했을 때였다. 당시 금전적인 부분뿐만 아니라 운동을 하지 않아서 완전히 바닥을 찍은 내 체력과 ROTC를 실제로 하고 있는 지인의 추천 등을 고려하여 생각하고 있었는데, 마침 딱 한 명 ROTC를 나쁘게 생각하지 않는 친구와 대화하게 되었다.

그 친구는 ROTC를 해서 얻는 이점도 많은데, 사람들이 너무 단점만 바라보며 과도하게 기피하는 경향이 있다고 말해주었다. 나는 또 이 말에 흔들려 결국 결정을 내리고 며칠 후 ROTC에 지원했다.

오랜 고민의 시간들이 있었지만, 결론적으로는 지원해서 다행이었다고 생각한다. 생각보다 ROTC를 해서 얻는 이점이 많았고, ROTC를 통해서 배울 것도 많았다.

이렇게 ROTC에 대해 차츰차츰 알아가면서 내가 ROTC에 대해 똑바로 찾아보지 않았다는 것이 느껴졌다. ROTC를 통해 대학원 진학에도 도움받을 수 있었고 일정 성적 이상은 군 장학금도 받을 수 있었으며 교내 근로 장학도 ROTC 건물에서 할 수 있었다.

병사 월급보다 임금이 적은 것도 정말 잠시였다. 전체적으로 보았을 때 병사 월급이 150만원 수준인 것에 비해 장교는 200~300만 원 정도였다.

내가 ROTC에 대해 미리 자세히 알아봤다면 주변 사람들의 말에 휘둘릴 일은 없었을 것이다. ROTC에 대한 이점들만 살펴봐도 당시에 고민 없이 충분히 지원했을 것 같다.

그런데 내가 어설프게 알고 있는 부분들에 대해서 살펴보고 나니 어떤 정보를 더 찾아봐야 할 지 감이 잡히지 않았고, 그냥 애매하게 알고 있는 정보들만 추려서 고민하고 결정을 내린 것이다.

오히려 이러면 주변 사람들의 말에 의존할 수밖에 없으니 휘둘리는 것도 당연하다.

결국 다른 사람의 말에 휘둘리게 되는 건 내가 무언가를 결정할 때 그에 대해 잘 알지 못하기 때문임을 배웠다. 분명 ROTC 건물에 직접 방문해서 실제로 상담을 받기만 했어도 해결될 문제였다.

책을 내고서 발행 부수도 몰랐던 것과 마찬가지로 주체적인 태도로 처리하지 않아서 생긴 일이었다. 열심히 고민했다고는 하지만 여전히 태도가 수동적이면 생각만으로 좋은 결과가 나오기는 어렵다. ROTC에 가서 알게 된 정보들을 직접 찾아서 알게 됐다면 고민하는 시간도 훨씬 적었을 것이다.

이렇게 보니 열심히 하는 것과 적극적으로 하는 것은 조금 다른 것 같다. 제한된 정보 내에서 아무리 열심히 고민해도 달라지는 것은 별로 없고, 결국 적극적으로 정보를 찾으며 생각해야 하는 것이다.

늘 어떤 일이든 '열심히'보다 '적극적으로' 무언가에 임할 수 있도록 해야겠다는 생각이 든다.

하루를 채우는 방법

군대를 다녀오지 않아도 옛날 군대 관련 예능을 보거나 친구들과 대화하다 보면 어떤 훈련이 제일 힘든지 이야기하곤 한다. 화생방, 행군 같은 것들이다.

하지만 훈련소에 가서 직접 훈련을 받고 동기들과 대화를 나누었을 때는 조금 달랐다. 내가 물어본 친구들은 모두 처음 받은 야외 훈련이 가장 힘들었다고 말했다.

그날은 기온이 영하 15도였다. 내복을 두 겹씩 입고 핫팩도 챙겨 갔음에도 강추위와 바람이 옷 구석구석으로 스며드는 바람에 훈련받는 내내 추위에 떨었다.

몸도 추웠지만 손과 발이 점점 얼어붙는 감각에 동상 걸리는 것은 아닌지 걱정이 됐다. 특히 행군은 몸을 움직이니까 열이라도 나서 덜 추운데, 처음으로 받았던 야외 훈련은 몸을 움직이는 훈련도 아니었다.

차가운 땅바닥에 방수 천 한 장 깔고 누웠을 때 땅에서 올라오던 냉기가 아직도 잊히질 않는다. 더구나 생소한 개념들이 계속 쏟아져 나와서 외우는 데도 애를 먹었다. 내 인생에서 가장 길었던 하루였다.

긴 일정이 끝나고 훈련소에 돌아왔을 때 이제서야 저녁을 먹는다는 게 믿기지 않을 만큼 힘든 시간이었다. 그래서인지 나도 내 친구들도 다른 훈련이 몸은 더 힘들었을지 몰라도 그때의 훈련이 너무 힘들었다고 말했다.

훈련소에 가기 직전에 첫 주가 가장 힘들 거라는 얘기를 들었다. 첫 주는 정말 놀랍도록 시간이 안 갔다. 하루가 너무 길고 피곤했다.

그런데 2주 차부터는 조금 달랐다. 첫 주차 때보다 더 많은 짐을 들고 나가느라 준비 과정도 힘들고 이동하는 과정도 힘들었다.

너무 힘들어서 정신없이 갔다가 정신없이 와서 몸은 힘들어도 시간 가는 줄은 몰랐던 것 같다. 그렇게 2주 차는 어떻게 흘러갔는지도 모른 채 보냈다.

3주 차에는 이제 완전히 적응해서 준비 과정도 이동도 그리 힘들지 않았다. 게다가 시간이 엄청 빨리 갔다. 아침에 준비하고 식사하고 나가서 훈련받고 돌아오면 하루가 끝나 있었다.

식사하고 돌아와서 다음 날 있을 훈련 예습하고 청소하고 잔다. 이 빡빡한 일정에 몸이 적응해서 무리 없이 소화해 낼 수 있게 된 것이다.

이렇게 힘든 일정에 적응하고 나니 4주 차에 있는 실내 교육시간이 오히려 너무 지루해서 하루가 느리게 갔다.

수료식 날이 되어 집에 갈 때는 훈련소에서의 교육이 끝나서 귀가하고 있다는 게 믿기지 않았다. 좀 더 정확히는 내가 4주간 훈련받는 꿈을 꿨던 건 아닐까 싶을 정도로 훈련소에서의 4주가 비현실적으로 느껴졌다.

초반이 너무 힘들었던 이유는 이전까지의 생활과 180도 다른 곳에 와서 통제받으며 지냈기 때문이었다. 낯선 곳에서 모르는 사람들과 지내며 힘든 훈련을 받는다.

게다가 생활관 히터가 고장 나는 바람에, 밤마다 이불을 들고 정 반대편에 있는 생활관까지 이동해서 자고 아침에 다시 이불을 들고 와서 정리한 뒤 씻고 준비하는 생활을 해야 했다.

그렇지 않아도 부족한 시간인데, 아침저녁마다 이동까지 하려니 늘 아침부터 피곤했다. 하루가 느리게 가는 것도 어찌 보면 당연했다.

하지만 적응이 되니 생활관을 옮겨서 자는 동안 히터가 안 되는 다른 방에서 온 친구들과 자기 전 소소하게 떠드는 게 좋았다. 오히려 히터가 고쳐지고 나서 입담이 재밌는 동기의 이야기를 들을 수 없었던 게 너무 아쉬웠다.

아무리 힘든 환경이어도 적응하는 것을 직접 느끼며, 《대학에서 만난 철학》에서 하루가 너무 빠르게 흘러간다고 적었던 것이 생각났다. 현재를 인식하지 않아서 하루가 중요한 장면만 보여주는 영상처럼 느껴진다고 했다.

훈련소의 첫 주는 그렇지 않았다. 매 순간이 실감 나고 매 순간이 고달파서 하루가 온전히 느껴졌다. 어쩌면 평소 생활이 그렇게 짧았던 것은 그 하루 동안 해낸 것이 별로 없어서 그랬던 것은 아닐지 의문이 들었다.

지금 생각해 보면 나는 하루를 참 쉽게 보냈다. 현재를 의식하는 순간이 적었던 이유는 현재를 의식해야 할 만큼 중요한 일을 하는 순간이 적었기 때문이었다. 하루의 중간에 멈춰서 하루를 돌아보려 해도 기억나는 것은 얼마 없었을 것이다.

반면 작은 시간도 쪼개서 최대한 일정을 많이 편성했던 훈련소에서의 하루는 온전히 느껴졌다. 자기 전에 하루를 되돌아보면 한 일이 많았다. 적응하면서 하루가 좀 더 빠르게 느껴졌을 때도 마찬가지였다.

결국 중요한 건 하루가 너무 빠르게 지나가지 않도록 하는 것이 아니라 하루의 속도와 상관없이 내가 그 하루를 더 많은 장면으로 기억하도록 하는 것일 지 모른다.

하루가 빠르게 흐른다고 느껴지는 것은 그 하루가 단조로워서 기억나는 장면이 거의 없었기 때문이다. 문제는 하루 루틴이 단순한 것이 아니라, 그저 의미 없는 일들로 가득 채워지는 것이었다.

훈련소에서 나가면 하루를 아껴서 쓰겠다고 다짐했지만, 정작 일상에서 글을 쓸 때도 쓰다가 지쳐 딴짓하는 일을 반복하다 보면 여전히 하루가 정말 쉽게 흘러가 버리곤 한다.

의미 있는 일로 하루를 채우다 보면 하루가 빠르게 지나간 것처럼 느껴져도 기억나는 것이 많을 테니 돌아보는 보람이 있을 것이다.

지금까지 헛되게 보내온 하루하루가 후회된다. 직전 학기 성적이 좋지 않아서 낙심했었는데 그럴 자격이 있었는지 의문이 든다.

올해는 하루를 가득 채워서 보다 더 의미 있고 건실한 일 년이 되도록 해야겠다.

계획이 아닌 일정

훈련소에 들어가서 가장 처음 느꼈던 것은 하루가 생각보다 길다는 것이었다. 군대를 가기 이전에는 하루의 시간이 마치 덩어리로 떨어져 나가듯이 짧고 건너뛰는 것처럼 느껴진다고 했던 기억이 있다.

하지만 훈련소라는 새로운 환경에 던져지니 매분 매초가 느껴져서 하루가 정말 길었다. 원래의 삶과 어떤 점이 달랐길래 하루가 그렇게 길게 느껴졌을까?

처음 훈련을 받으면서 '이제서야 점심을 먹는건가?', '아니, 아직도 5시라고?' 하는 생각이 가장 많이 들었다. 학기 중에는 점심을 먹는 둥 마는 둥 해서 점심시간을 그다지 신경 쓰지 않았고, 남은 수업을 다 듣고 집에 갈 시간쯤 되면 오후 5시였다. 왜 그렇게 차이가 났을까?

곰곰이 생각해 보니 두 가지 이유가 있었다. 학기 중에는 오전 수업이 있어 아침 일찍 일어나더라도 집에서 미적미적 씻고 출발해서 가는 길에 유튜브를 보거나 체스를 둔다. 학교에 도착해서 강의실에 들어가면 수업 준비 잠깐 하고 수업을 받는다. 늘 듣는 수업이니 집중할 때도 있고, 졸거나 딴생각할 때도 있다. 그러다 보면 시간이 빨리 갔다.

반면 훈련소에서는 다르다. 이른 아침 6시 반에 기상해서 빠르게 준비를 마쳐야 하고, 그 직후부터 바로 일정이 이어진다.

일정도 시간 단위가 아니라 분 단위로 잡혀 있어서 짧은 시간 동안 압축적으로 많은 것을 하고, 애초에 시간 자체가 넉넉히 주어지지 않는다. 제한된 시간동안 바쁘게 움직이다 보니 많은 것을 했다고 생각했는데 시간은 별로 흐르지 않은 것이다.

하루가 느리게 느껴졌던 나머지 이유는 점심 식사와 저녁 식사가 늘 동일한 시간에 이루어졌다는 점인 것 같다. 사람은 시간을 절대적으로 느끼지 않는다. 즐거운 시간은 빠르게 흘러가고 지루한 시간은 느리게 흘러간다는 말도 있지 않은가.

기존의 나는 정해진 시간 없이 그냥 배가 고플 때 밥을 먹었다. 점심은 아예 먹지 않는 날도 있었고, 저녁 식사 시간은 그때마다 달라졌다.

그런데 훈련소에 오니 식사 시간이 일정해서 식사 시간을 기준으로 일정이 나누어졌다. 식사 시간 이외에도 많은 일정들이 정해진 시간에 시작되고 끝났다. 시간이 마치 연속적으로 흘러가는 것이 아니라 격자 안에 끊어져서 단위 시간을 하나씩 소비하듯이 흘렀다.

후반에는 하루가 점차 빨라졌다. 야외에서 교육받을 때는 몸이 힘들어서 그런지 생각을 비우게 되어 시간이 빨리 흘러갔고, 실내에서 교육받을 때는 가만히 앉아서 수업을 듣는 느낌이 강해서 시간이 천천히 흘렀다.

하지만 이건 단위 시간을 소비하는 속도에 차이가 생겼던 것일 뿐, 식사 시간과 일정이 끝나는 시간을 확인하면 여전히 하루가 길게 느껴졌다.

하루가 의식되지 않은 채 공부를 하든 딴짓하든 물이 흐르듯 훅 지나가던 이전에 비해, 훈련소에서는 하루를 단위 시간으로 인식하게 되고, 단위 시간을 더 짧게 쪼개어 할 일을 배정하니 하루가 천천히 흐르는 것처럼 느껴졌다.

잠자리에서 일어나 다시 잠자리에 들기까지 현재를 인식한 순간과 하루 동안 이루어 낸 일의 양 차이가 만든 변화였다.

훈련소에서 나온 지금은 다시 하루가 어마어마하게 빠르다. 핸드폰은 조금만 들여다보면 시간이 훅 지나가 있고, 글을 쓸 때도 마음에 들지 않는 부분을 수정하고 고민하다 보면 한두 시간이 30분으로 느껴질 정도로 빠르게 지나간다.

하루를 최대한 의식해서 하루하루이 나에게 온전히 느껴지려면 계획이 있어야 한다는 당연한 이야기다. 다만 계획은 학창 시절부터 질리도록 세워왔고, 계획만으로는 충분하지 않다는 것을 이미 수도 없이 경험했다. 하루를 온전히 인식하려면 계획 이상의 것, 즉 일정이 필요하다.

계획이 어떻게 할 것인지 나의 의지만을 담은 일기 같은 것이라면, 일정은 나의 의지와 무관하게 일이 이렇게 진행될 것이라는 예정에 가깝다.

계획을 세워도 지키지 않으면 그만이다. 물론 내가 세운 계획을 지키지 않으면 양심의 가책이 느껴지고 잘못한 것 같은 기분이 들지만, 그것이 반드시 계획을 지키게 할 만큼의 원동력을 만들어주지는 못한다.

그러니 나 자신이 일을 효율적으로 처리하게 하려면 반드시 이 시간에 이것을 해야 한다는 일정이 필요한 것이다.

나의 경우 설거지, 청소, 식사, 운동 정도가 매일매일 해야 하는 일에 포함된다. 이 경우 이 일들에 처리해야 하는 시간을 부과하고 그때가 되면 무엇을 하고 있었는지와 관계없이 반드시 이것을 수행하는 것이다.

때로는 공부의 흐름이 끊길까 봐 계획했던 시간을 초과하거나 어긋나도 하던 것을 계속 수행했지만, 그것이 효율적인 하루로 이어지는 경우는 드물었다.

그리고 설거지, 청소, 식사, 운동의 일정들 사이사이 짧은 단위의 시간 속에 그날 하루 동안 하고 싶은 공부를 넣는다. 이후 비는 시간에 휴식도 취하는 것이다.

훈련소에서는 무언가를 해야 하는 시간보다 해야 할 일이 먼저 끝난 경우 쉬지 않고 부가적인 일을 했다. 무언가가 빨리 끝났을 때 남은 시간을 쉬면 다음 일정이 왔을 때 다시 일 모드로 바꾸기 쉽지 않기 때문이다.

이렇게 정리한 일정을 모두 소화하면, 정해진 시간 안에 하루 일과를 마무리한다. 주어진 시간 내에 끝내지 못한 일은 휴식 시간에 이어서 처리한다. 하루가 다소 빡빡해질 수는 있지만, 이전보다 훨씬 더 많은 일을 해낼 수 있을 것이다.

나는 계획이 틀어지는 것을 싫어한다. 어렸을 때는 내가 생각한 시간에 무언가를 끝내지 못하면 기분이 매우 안 좋아졌었고, 그것이 반복되어서 그런지 지금은 계획을 세우는 것 자체에 거부감을 느낀다.

그래서 나의 하루를 일정으로 가득 채우겠다는 다짐이 마치 계획과는 전혀 다른 것처럼 느껴진다. 하루에 이 일을 다 해야 한다는 것이 아니라 정해진 시간에 정해진 것을 해야 한다는 것은 계획과 달리 내가 싫어하는 일이 벌어지지 않을 것처럼 느껴지기 때문이다.

시간을 헛되이 써 놓고 스스로에게 거짓말하는 일이 없도록 바로 시작해 봐야겠다.

신념과 선택

훈련소에서 군인은 어떤 자세를 지녀야 하는지에 대한 강연을 들을 적이 있었다. 내용을 요약하면 생각하는 군인, 국민에게 충성하는 군인이었다.

정부에 충성하고 상관의 명령에 절대적으로 복종하는 것이 아니라, 국민을 지키고 나라를 지키는 것이 본인의 본분임을 명심하여 올바른 선택을 할 수 있도록 하는 것이다.

헌법 질서에 심각한 위협이 되는 사태가 아니더라도 상관의 명령 중 그의 권한 밖에서 이루어진 명령이나 헌법 질서를 위배하는 등의 부적절한 명령이 있을 수 있다. 문제는 이걸 개인이 어떻게 판별하냐는 것이다.

전시 상황이나 국가적 위기가 아닌 이상 국민에게 직접적 피해가 가는 명령은 상부로부터 내려올 일이 없다. 명령에 불복종하는 행위 자체가 군기의 안정성을 해칠 수 있기 때문에 특수하고 제한적인 범위 내에서만 이루어지도록 규정하고 있다.

따라서 주체적으로 생각한답시고 함부로 상급자의 명령을 이행하지 않거나 반대해서는 안 된다.

그러나 상급자의 명령을 전체적인 그림에서 읽어내는 수준으로 파악한다는 것은 적어도 지금의 나에게는 어렵다. 당장 군의 체계도 잘 모르고 어떤 역할들이 있는지조차 잘 모른다.

나만의 문제는 아닐 것으로 생각한다. 군에서도 이를 보완할 것이 필요하다고 생각했는지, 장병들에게 주체적인 생각과 함께 올바른 신념도 가르친다.

주체적으로 생각하더라도 신념이 바르지 않다면 잘못된 곳으로 가게 될 것이다. 어떤 것이 바른 신념인지는 뒷장에서 서술하려 한다.

강연에서 옛날 영화의 한 장면을 보았다. 올바른 신념에 관한 이야기였다. 주인공이 다니는 학교는 명문으로 소문이 자자한 군사학교이다. 그러나 이전 교장이 퇴임하고 새롭게 부임하게 된 교장이 괴팍한 사람이었다. 그는 명문 학교의 맥을 이어가야 한다는 구실로 학생들을 억압한다. 학생들은 물론 교사들까지 교장을 싫어하였지만, 교장은 이에 대해 전혀 개의치 않은 듯이 행동했다.

어느 날 몇몇 학생이 교장의 차에 페인트를 붓는 장난을 친다. 교장은 범인을 어떻게든 색출하겠다고 선전포고를 한다. 그러다 주인공이 그날 장난친 학생들을 목격했다는 사실을 교장이 알게 된다.

그는 주인공에게 전액 장학금이라는 거절하기 힘든 제안을 하며 목격했던 사실을 진술하라고 유혹도 하고 협박도 하지만, 주인공은 끝까지 굴하지 않는다. 결국 교장은 자기 뜻대로 되지 않자, 주인공을 친구들의 죄를 은닉했다는 이유로 교내 재판을 하기에 이른다.

주인공이 처벌받는 분위기로 흘러가는 가운데, 전쟁 영웅으로 불리던 한 맹인 교사가 주인공을 변호한다. 교장은 그를 맹인에 나이가 들어 사리 분별이 안되는 것이라고 비웃지만, 교사의 말은 학교의 모든 학생과 그 자리에 참석했던 학부모들, 다른 교사들의 마음을 움직인다.

"자신의 친구들을 팔아넘기라고 유혹했던 그 더러운 목소리에 타협하지 않은 이 소년의 순수한 영혼이 앞으로도 올바른 길을 택할 수 있도록 해야 합니다!"

이에 바른 길을 택하는 것이 어려웠기에 자신은 올바른 길을 알았음에도 택하지 못했다는 말도 덧붙인다.

실제로 양심이 있는 사람이라면 자신이 외면하고자 하지 않는다면 무엇이 바른 길인지 안다. 하지만 영화에서 나왔던 것처럼 때로는 올바른 길로 가지 못하도록 방해하는 것들이 있다.

영화에서는 비록 누군가의 회유와 협박이었지만 우리의 일상은 그보다 훨씬 가벼워 보이면서도 비슷하게 저항하기 힘든 것들이다. 어차피 안 들키니까 상관없다고 생각해버리면 그만인 것들 말이다.

사실 그런 것들이 바람직하지 않다는 것은 누구나 알고 있지만 실제로는 타협하게 된다. 그 길이 더 쉽고 나에게 이익이 되는 것처럼 보이기 때문이다. 나 역시 수없이 타협하고 나 자신에게 수없이 관대하게 대해왔다. 영화에서는 순수한 영혼의 자취라고 거창하게 이야기했지만, 결국은 그런 상황에서 타협하지 않는 정신인 것이다.

어렸을 때부터 부모님께서는 선택에 대해 많이 말씀하셨다. 올바른 선택의 중요성과 일맥상통하지만, 나의 경우에는 잘못된 선택이 가져오는 후회에 대한 경고를 통해 이를 배울 수 있었다.

어머니는 늘 잘못된 선택에 대해 경계해야 한다고 가르치셨다. 나는 내가 그런 선택을 할 때마다 잘못되었음을 알았다. 이를테면 몰래 게임을 하는 것처럼, 더 즐거워 보이고 친구와의 관계를 돈독히 하는 것처럼 보이는 것들이었다.

어렸을 때는 어머니께 혼나는 것이 무서워서 그런 것들을 일절 가까이하지 않았지만, 성인이 되고 나서는 조금씩 잘못된 선택을 할 때가 있다. 그리고 그럴 때마다 마음이 불편하다.

어릴 때는 이 마음 불편함이 싫었다. 혼날까 봐 무서워하면서 벌벌 떠느니 차라리 안하고 만다는 마음이었다. 하지만 사람은 한 번 양심을 무시하기 시작하면 점점 그 불편함에 무뎌지는 법인가 보다.

잘못된 선택은 마치 여행을 갈 때 길을 잘못 드는 것과 같다. 목적지로 가기 위해서 내비게이션이 알려주는 대로 가고 있는데 길을 잘못 들었다고 생각해보자. 그럼 결국 목적지로 가기 위해서 시간을 더 써서 빙 돌아가거나 심한 경우 왔던 길로 되돌아가 다시 옳은 길로 가야 한다.

다만 차이가 있다면 여행은 그 길로 다시 되돌아갈 수 있지만 현실은 비슷한 일이 계속 닥쳐올 뿐 절대 선택의 순간으로 돌이갈 수 없다는 것이다.

따라서 지금 내가 선택하려는 것이 잘못된 선택임을 안다면, 그것을 외면해서는 안 된다.

누구나 잘못된 선택을 할 수 있다. 분위기에 떠밀려서일 수도 있고 너무 힘들어서일 수도 있다. 나 역시 잘못된 선택을 많이 하는 만큼, 누군가에게 올바른 선택을 하라고 강요할 수는 없다.

그러나 잘못된 선택을 하는 그 순간에, 적어도 자신이 지금 선택한 것이 잘못되었다는 사실은 알아야 한다. 애써 합리화하고 회피하면, 나중에는 그것이 정말 잘못된 것인지 알 수 없게 된다.

이 글을 쓰면서도 내가 선택한 올바르지 못한 길들이 생각난다. 글로 옮겨 적기에 부끄러운 유치하면서도 못난 것들이다.

하지만 이런 것들이 기억나서 다행이라고 생각한다. 오히려 부끄러운 줄 모른다면 앞으로도 못난 선택을 하게 될 테니 말이다. 부끄러운 기억이 있음에 감사하며 지금 내가 선택하는 것이 나의 양심에 반하는 것인지, 이 선택이 불편하지는 않은지 늘 세심히 살펴봐야겠다.

화를 내지 않고 전달하는 법

《대학에서 만난 철학》에서 화를 내는 방법에 관해 쓰면서 스스로 화를 잘 내지 못한다고, 그래서 늘 참다가 엉뚱한 순간에 터져버린다고 썼다.

화가 적어서 그런 것이 아니라 어떻게 화를 내야 할 지 잘 모르기 때문이다. 그렇기에 그 감정이 가라앉은 뒤 차분하게 상대에게 전달하면 된다고 설명했다.

다만, 그렇게 나의 감정을 조절하고 표현을 잘할 수 있었는지를 묻는다면, 부끄럽지만 아니다. 감정이 가라앉아도 당시 상황을 전달하면서 다시 화가 났다.

차분하게 말하다가 혼자 화내면 우습게 보이기에 참았지만, 화는 참는다고 참아지는 것이 아니었다. 삭힌 화는 말에서 상대를 힐난하거나 나를 피해자로 만드는 방식으로 드러났고, 상대는 결국 방어적인 자세를 취했다.

나는 친구에게 모욕적인 말을 들으면 똑같이 모욕적이고 비아냥거리는 말로 되갚는다. 모욕적인 말을 들으면 화를 내는 것이 당연한데 보통 '남자들끼리 대화는 다 그렇지' 하며 넘어가 버린다. 그리고 나 자신도 타인에게 똑같이 대하는 것으로 그 화를 무마하는 것이다.

상대에게 나도 똑같이 대했으니 화를 내면 "너도 나한테 똑같이 하잖아"라는 대답만 돌아온다. 이미 그렇게 굳어진 친구에게 화를 내기는 어렵다.

하지만 화는 끝없이 참아낼 수 있는 감정이 아니었다. 결국 거친 말을 반복하는 친구에게 하지 말라며 버럭 화를 내고 말았다. 그 친구 입장에서는 늘 장난치며 다소 거친 말로 티격태격하던 정도라고 여겼을 것이다. 그런 상황에서 내가 갑작스럽게 화를 냈으니 당황스러울 수밖에 없었을 것이다.

그 이후에도 나는 마치 피해자인 것처럼 말했고, 그 모습에 친구 역시 어이없어 했다. 시간이 조금 지나서야 내가 먼저 감정을 터뜨렸다는 사실을 인정하게 되었고, 잠시 마음을 가라앉

힌 뒤 내 태도를 돌아보지 못한 채 화부터 낸 점에 대해 사과했다. 그리고 그동안 하지 못했던 이야기를 조심스럽게 전했다.

그 덕분에 차갑게 얼어붙었던 분위기는 어느 정도 풀렸고, 친구도 이전처럼 거칠게 말하지는 않게 되었다. 하지만 내가 갑작스럽게 화를 냈던 기억까지 사라진 것은 아니다. 어쩌면 말 한마디에도 또 화를 낼까 봐, 그 친구가 불편함을 느끼게 되었을지도 모른다.

화를 낸다는 것이 언제나 언성을 높여가며 상대를 비난하고 싸우는 분위기로 만들어가는 것이 아니라는 것을 머리로는 안다. 그런데 내가 누군가에게 화를 냈을 때는 그렇게 냈던 기억밖에 없다.

서로에게 상처주거나 기분을 해치지 않게끔 정중하게 화를 내는 방법을 모르는 것 같다. 내가 화났다는 걸 차분하게 전달하면 상대가 모를 것 같고, 상대가 무서워해야만 할 것 같다고 생각한다.

하지만 나 역시 언성을 높이면 무서워하기 보다, 오히려 똑같은 반응이 돌아온 경우가 훨씬 많았다. 그래서 그냥 화가 나면 참아버리다가 엉뚱한 곳에서 풀게 된다.

혹여나 감정을 절제해서 상대에게 전달한답시고 머릿속에서 정리를 해도, 정작 차분하게 전하는 말은 상대를 비난하고 나를 피해자로 만드는 것들이다. 그럼 상대는 어이없어 하고, 나는 결국 언성을 높인다.

이는 화를 내는 방법이 잘못되었기 때문이다. 상대에게 공격하듯 화를 내니까 방어적인 태도가 돌아오는 것이다. 그렇다면 어떻게 화를 내야 할까? 이 질문에는 아직 제대로 대답하기 어렵고, 여전히 화내는 것 자체를 피하게 된다.

나만 참으면 그만일까? 그렇지 않다. 화를 내야 할 때 내지 않으면 상대는 자신이 한 일이 나에게 좋지 않았다고 인지하지 못한다. 그를 나쁜 사람으로 만드는 것이다. 그러면서 나는 피해자로 남아서 그 감정을 꾹꾹 눌러 담다가 엉뚱한 타이밍에 그것을 터뜨린다고 하면, 서로에게 좋을 것 없는 이야기다.

특히 소위로 임관하는 이에게는 적절한 때 적절하게 화를 내는 것이 필수적으로 요구된다. 내 직속 부하의 잘못에 대해 똑바로 꾸짖고 교육할 줄 알아야 하는데 '어떻게 화를 내야 할지 잘 모르겠고 분위기만 망칠 것 같으니 참고 넘어가고 말지' 하는 태도는 독이다. 상대에게도, 나에게도 도움이 안 된다.

ROTC 선배님께 나는 화를 잘 못 내는 성격이어서 소위로 임관했을 때가 걱정이라고 지나가듯이 말했을 때, 선배님도 지나가듯이 "나도 여기 오기 전까지 누구한테 그렇게 화를 내본 적이 없어." 라고 말씀하셨다. 실제로도 화를 내시는 모습이 상상이 잘 안됐다. 그런데 그 분께 혼났던 적이 있는 친구들은 그분을 무서운 선배로 기억하고 있었다.

그래서 선배님의 답변을 들었을 때 '내가 나를 화 못 내는 사람으로 한정하고 있구나' 하고 생각했다. 화를 내는 방법을 모르면 배워서 내야 하는데 그냥 화낼 줄 모르는 사람으로 남아서 혼자 착한 척은 다 하고 있었다.

그렇게 하다 결국 누군가에게는 언성을 높이고 힐난하는 말을 내뱉어서 모두가 알게 되는데 말이다.

화를 낼 줄 알아야 하는 것도 중요하지만, 단순히 버럭 소리만 잘 질러서 해결되는 문제가 아니다. 화를 내야 할 때와 단순히 잘못을 지적할 때를 구분해서, 화낼 때는 제대로 화내고, 그렇지 않을 때는 잘못만 지적해야 한다.

그렇게 후임이 자신의 실수를 바로잡고 긴장감을 유지할 수 있도록 하는 것이 상급자의 의무이다. 아마 선배님께서도 화를 내지 않는다고 하셨던 것은 나와는 조금 다른 의미이지 않았을까 하는 생각이 든다.

버럭 소리부터 지르지 않으려면 어떻게 하는 것이 좋을까?

초등학교에서 중학교로 진학하던 시기에 아이를 혼내는 방법이 서투른 부모들을 대상으로 아이 대하는 법을 가르치는 책을 읽은 적이 있었다. 그 책에는 화가 났으면 아이에게 화를 내는 것이 아니라 화가 난 이유를 말로 전달하는 것이 중요하다고 했다. 상대의 어떤 행동이 나에게 어떻게 다가왔는지 차분히 전달하는 것이다.

사실 그 책을 읽으면서 부모의 자녀 양육만의 문제로 생각했었다. 나의 일상에서는 그렇게 쉽게 풀리지 않을 것이라 단정지었는데, 이는 내가 생각을 전해도 소용없을 거라고 생각했던 것이다. 결국 말하는 내 자신과 내 말을 듣는 타인 모두 무시하는 것이다.

먼저 해보고, 그 다음에 결론 내려도 늦지 않다. 내가 화가 났다는 감정과 함께 상대의 어떤 부분 좋지 않았는지를 전달해보자.

화가 난 상태여도 "내가 지금 화가 났고 네가 그걸 알아야 해!"라고 말하는 것이 아니라 "그거 나한테 상처로 다가오더라"라고 말하면 상대는 공격받는다고 생각하지 않을 것이다.

상대가 바로 이해하지 못할 수 있다. 부끄럽고 못난 얘기지만 나 역시 누군가 내 행동이 달갑지 않다고 얘기했을 때 이해하려 하지 않고 그 사람이 이상한 것처럼 반응할 때가 있다.

상대가 나에게 정중히 화를 낼 때는 내가 기준이 아니라 상처받은 사람이 기준으로 생각해볼 필요가 있다. 나도 상대의 화를 받아들여 솔직하게 사과하고, 내가 상대에게 전달했지만 상대가 몰라줄 때는 나의 어떤 부분을 건드려서 마음이 좋지 않았는지를 더 구체적으로 전달해보자.

분위기가 조금 가라앉을 순 있지만, 결국 가장 평화롭게 해결되는 길일 것이다.

목표가 없다는 변명

S

대학에 오면 각자 꿈이 하나씩 있다. 직업이나 직장 외에도 대학원이나 여행 등 다양하다.

누군가 나에게 목표가 무엇인지를 물어보면 로스쿨에 진학하는 것이라고 말한다. 처음부터 내가 원해서 잡게 된 목표는 아니지만, 꾸준히 하다 보면 언젠가 내가 원해서 하게 될 것이라 믿고 내 목표로 삼고 있다.

다만 더 큰 꿈이나 비전은 없는 것 같다. 수험 시절 대학에 가는 게 목표였기에 대학에 와서 무엇을 더 해야 할 지 막막했던 것처럼, 로스쿨에 진학해서도 무엇을 해야 할지 감을 못 잡고 놀 것 같다.

하지만 내 능력을 발휘해서 하고 싶은 무언가가 없다는 것이 미래에 하고 싶은 것이 없다는 걸 의미하지는 않는다. 여기저기 목적지 없이 발 닿는 곳에 가는 즉흥 여행을 다녀 보고 싶다. 작곡이나 노래, 악기 등 음악도 배우고 싶고, 즉흥 재즈 밴드 동아리 같은 곳에서 스캣 연주도 해보고 싶다.

나의 주변에도 그런 얘기를 하는 친구들이 종종 있다. 거창한 직업을 택해서 부와 명예를 축적하는 것이 아니라 소소하게 자신이 하고 싶은 게임을 하고, 먹고 싶은 거 먹고, 친구들하고 놀러 가고 싶다는 것이다. 그리고 실제로 그렇게 살고 있는 사람들도 많다.

자기 계발이라는 말은 지겹도록 들었지만 어려운 일이다. 미래에 하고 싶은 게 없다는 말은 정말 좋아하는 게 아무것도 없다는 것이 아니라 직업으로 택할 만한 것이 떠오르지 않는다는 것이다. 그저 뭔가 배우거나 하고 싶은 것만 많다.

그래서일까? 내가 미래에 대해서 이야기할 때는 늘 직업이나 생산적인 일을 하는 것이 아니라 집에 누워있기, 맛있는 것 먹기처럼 일을 하지 않을 때 할 만한 것들뿐이다.

이런 말들을 되풀이하다 보면 인생 전반이 일하지 않는 시간에 놀기 위해 일하는 것처럼 느껴지고, 삶의 목표는 오락거리로 설정된다. 일하는 시간은 점점 더 괴로워질 것이다.

돈을 벌면 전부 오락거리에 탕진할 것이므로 미래를 준비하지 않게 된다. 전형적인 오늘만 사는 사람의 모습이다.

지금 나의 모습과도 크게 다르지 않다. 돈이 있으면 금방 간식을 사 먹거나 어디에 쓸지 고민한다. 어느 정도 저축하는 것은 남들이 미래를 준비하며 착실히 돈을 모으는 것을 모방하는 것에 지나지 않는다. 나는 이 돈을 모아서 미래에 뭘 할지 모르기 때문이다. 그냥 유사시에 큰돈을 써야 할 때를 대비할 뿐이다.

연세대학교에 다니고 있고, 목표가 로스쿨이라고 하면 인생이 올바른 길을 걷고 있는 것일까? 아무리 좋은 학교에 다니며 양질의 교육을 받아도 인생의 청사진이 없다면 그건 올바르게 걸어가고 있는 것이 아니다.

마치 눈을 감고 걷는 것처럼 앞에 무엇이 있는지도 모른 채 발 닿는 대로 걸어가는 것 같다. 그건 삶을 살아가는 게 아니라 삶에 질질 끌려다니는 것이다. 눈을 감고 걸어가면 주변 풍경을 볼 수 없듯이 인생의 목표가 없다면 기회를 잘 살피지 않게 된다.

장황한 고민처럼 썼지만 사실은 어린애 같은 말이다. 20대는 남은 자신의 삶을 앞가림할 준비를 하는 나이다. 삶의 방향을 찾는 데서 그치지 않고 멀리까지 나아가는 것이 20대에 해야 할 일이다. 목표가 없어서 삶이 흘러가는 대로 산다는 건 너무 무책임한 것이다.

공부를 열심히 해야겠다고 늘 다짐하지만 정작 공부를 열심히 해서 하고자 하는 게 없었다. 과탑, 전 과목 만점, 좋은 학점은 나에게 큰 의미로 다가오지 않기에, 늘 바뀌겠다고 다짐하면서도 제자리걸음인 것이다.

단순히 게으르니까 공부를 안 하는 거라고 스스로 다그치는 건 큰 효과가 없었다. 방법에 변화가 필요하다. 결국 목표로 그 탓을 돌릴 거라면 그 목표를 어떻게 해서든 찾아야 한다.

그럼, 목표를 잡으려면 뭘 해야 할까? 어떤 것을 목표로 잡기 좋은지 알아야 한다. 미래에 하고 싶은 직업이 없을 뿐 뭔가를 배우고 싶고 어딘가에 놀러 가고 싶다는 욕구가 있다는 것은 목표 자체를 설정할 줄 모르는 건 아니라는 것을 의미한다.

오락거리만이 삶의 목표 전부가 되면 위험하겠지만, 적절한 일과 수입이 있다면 오락을 목표로 정하는 게 나쁠 이유가 없다. 내가 목표를 설정할 줄 모른다고 말하는 것은 그저 어떤 일을 할 수 있을지 모른다는 것일 뿐이다.

잘 모르면 찾아보면 그만이다. 내가 로스쿨을 목표로 하고 있으니 구체적으로 로스쿨을 나와서 어떤 직업을 택할 수 있는지, 그 직업들이 하는 일이 무엇인지 상세하게 알아보는 것이 좋겠다.

나는 시야가 좁은지 내가 아는 것 이상의 무언가를 잘 찾아보지 않는다. 그래서 목표를 잡으려고 해도 어떻게 잡는지 모르겠다는 말이 나오는 것이다. 멀뚱멀뚱 앉아서 딴짓만 하다가 공부하려고 하면 목표가 없어서 왜 해야 하는 지 모르겠다니, 학창 시절에나 먹히는 변명이다.

핸드폰으로 딴짓하는 시간에 로스쿨에서 배우는 게 뭐가 있는지, 로스쿨을 나와 할 수 있는 일은 어떤 것이 있는지, 로스쿨이 아니더라도 세상에 얼마나 다양한 직업이 있는지 찾아봐야겠다.

그리고 갑작스럽게 목표를 바꾸기보다 지금의 항로에서 나아갈 길을 찾는 것이 더 안정적이다. 로스쿨 이후의 진로를 탐색하는 과정에서, 내가 배우고 싶은 음악 분야나 미술 분야, 그리고 이과 계열에서 할 수 있는 건 없는지 이것저것 건드려봐야겠다.

장교가 되려는 이유

“너희 여기 장교 되려고 온 거잖아. 왜 장교가 되고 싶은지 늘 생각하면서 행동해.”

훈련소에서 혼나거나 교육받을 때마다 들었던 말이다. 동기들은 각자 저마다의 이유가 있었고, 선배들은 이미 장교의 모습을 갖추어 임관할 준비가 되어있었다.

반면 나는 장교를 택하게 된 명확한 이유가 없었다. 가족 중에 ROTC 출신이 계신 것도 아니고, 나랏일에 종사하려는 큰 뜻도 딱히 없다.

그렇다고 아무 생각도 없이 ROTC에 덜컥 지원한 것은 아니다. 처음에는 단순히 내가 집에서 운동을 너무 안 하고, 헬스장에 다니려고 하니 내 의지가 신뢰가 가지 않았다. 그래서 강제적으로 운동을 할 수밖에 없게 하려고 ROTC에 지원하려고 했다.

하지만 서문에도 적었듯 주변에서 반대의 목소리가 높았고, 나는 고민에 고민을 거듭하면서 ROTC에 갈 이유를 이것저것 쌓았다. 지금 생각해 보면 그 모든 이유가 '나 자신을 바꾸고 싶어서'라는 말로 축약될 수 있을 것 같다.

목표가 없는 건 무엇을 해야 좋을지 잘 모르기 때문이니 구체적으로 알아봐야겠다고 말한 건 좋다. 하지만 지금까지 그런 건 해본 적도 없고 관심도 안 가졌던 사람이 갑자기 직업들을 살펴본다고 없던 목표가 생기지는 않을 것이다. 그러니 우선은 이것저것 생각나는 것들을 발만 조금 담가본다는 생각으로 해보려고 한다.

ROTC는 그 출발점과 같은 것이다. 어렴풋이 바뀌어야겠다는 마음에서 출발하여, 실제로 훈련소에 다녀오면서 이전의 생활과는 180도 다른 새로운 경험들을 많이 했다. 이런 경험이 단 한 번만으로 나를 바꾸지는 않겠지만, 누적해서 생각을 바꾸면 겉으로 드러날 것이라 믿는다.

훈련소에서 만난 선배 중에 서울대학교에서 복수 전공을 했던 분이 있었다. 연세대학교에서 철학과 공부 하나만으로도 허

덕이고 있는 나로서는 차원이 다른 사람처럼 느껴졌다. 그리고 그런 사람이 군대에 있기에는 좀 아깝다고 생각했다.

서울대학교에서 식물 쪽으로 관심을 가졌던 분도 군대에서 장기로 복무할 생각이 어느정도 있다고 하셨다. 비슷하게 ROTC에서 종교활동으로 기독교에 갔을 때 노래를 잘 하시는 분이 나오셔서 찬송가를 부르셨다.

처음에는 이분들의 능력이 아깝다고 생각했지만, 사실 나도 모르게 군대에서의 일은 낮은 가치로 바라본 것이다.

하지만 그런 건 없다. 사람마다 가치관이 다르고 어느 누구도 그것을 보며 안타까워하거나 지적할 수 없다.

아깝다거나 능력 과잉 같은 것이 아니다. 내가 배우는 모든 것이 어떤 분야에 어떻게 쓰이게 될 지는 모르는 것이다. 오히려 지금 쓸모없어 보이는 공부가 미래에 유용하게 쓰일 수도 있지 않은가.

2010년대에는 수능 제2 외국어로 다들 아랍어를 했다. 아무도 공부를 안 해서 찍어서 높은 등급 맞기가 가능했기 때문이다. 그 정도로 다를 아랍어는 필요가 없다고 생각했다.

하지만 최근 들어서는 아랍의 발전 가능성을 염두에 두고 중국어를 배우는 게 유리해졌듯 아랍어를 배워두면 크게 유리해질 수 있다고 예측하는 사람들도 있다.

당장 내 능력이 어디에 쓰일 지 모른다고 하며 최선을 다하지 않으면 미래에 하고 싶은 일이 생긴다 하더라도 아무 일도 할 수 없다.

그렇기에 다양한 경험을 하고 체력도 단련하는 ROTC가 나에게 어떻게 보면 잘 맞았던 것일지도 모르겠다. 훈련은 고되고 힘들었지만 그곳에서 각자의 길을 설정한 사람들과 아직 길을 만들어가고 있는 사람들, 그리고 장기복무를 희망하여 장교로서의 꿈을 키워나가는 사람들의 모습을 보면서 많이 배웠다.

다음에 누군가 나에게 어째서 장교의 길을 택했냐고 하면 다양한 것을 경험하고 나를 새로운 환경으로 밀어넣고 싶었기 때문이라고 대답해야겠다.

내가 어제보다 나은 오늘을 만들어가는 사람이 되면 후임들에게도 좋은 영향을 줄 수 있을 것이다. 조금씩 변화해 가는 나 자신을 그려야겠다.

감사함을 잊지 않는 것

훈련소에서의 모든 일정을 마치고 집으로 돌아오는 날이었다. 훈련소에서 친해진 동기들과 이별 인사를 나누고 조금 아쉬우면서도 기쁜 마음으로 버스에 올랐다. 훈련소를 나오는데 하늘이 너무 맑고 아름답게 보였다. 자기 전 늘 상상하던 집에 가는 날이 오긴 하는구나 싶었다.

학군단에서는 전자기기 사용에 제약이 엄청 많았다. 핸드폰을 주긴 하지만 사실상 사용할 수 있는 시간이 거의 없었고 카메라 사용도 안 되며 인터넷도 많이 느렸다. 들고 갔던 다이소 유선 이어폰은 음질이 안 좋아서 그다지 사용하지 않았다.

학군단 건물로 돌아와 두고 갔던 내 가방에서 블루투스 이어폰을 꺼내 착용했을 때 낯선 느낌이었다. 음질이 엄청 선명해서 집에 가며 노래를 듣는데 행복한 기분이 들었다.

늘 유튜브를 들으면서 오거나 노래 틀어놓고 잤는데, 그날따라 노래가 좋게 들렸다. 하늘은 맑고 구름이 선명해서 돌아오는 내내 별일 없는데도 가슴이 설렜다.

오랜만에 선명한 음질로 노래를 들어서 그랬던 것인지 아니면 훈련소에서 나와 집으로 돌아가는 길이었기 때문에 하늘도 아름답고 노래도 좋았던 것인지는 잘 모르겠다. 하지만 둘 중 어느 쪽이든 집으로 돌아가는 길이 즐거웠던 사실은 변함이 없다.

평상시처럼 학교 갔다 집에 오는 길이었다면 그렇게 기쁘지 않았을 것이다. 버스를 타고 오는 동안 내가 경험했던 것은 익숙했던 것에서 한 달간 멀어져서 생활하다 다시 만났을 때의 낯섦과 기쁨이었다.

버스를 타고 오다 문득 처음 블루투스 이어폰을 샀을 때가 생각이 났다. 귀에 꽂아보며 즐거워하던 그 감각이 다시 살아난 것이다.

멀어지고 나서야 그것이 소중했다는 것을 깨닫는다는 말이 있다. 사람은 왜 익숙해지면 감사함을 잊는 것일까? 그것은 함께 있는 것이 당연해지기 때문이라고 생각한다.

오늘 하늘에 떠 있는 태양이 내일 갑자기 없어지지 않을 것이라고 당연하게 생각하는 것처럼 어제 오늘까지 무언가가 내게 주어졌다면 내일도 당연히 주어질 것이라고 예상하는 것이다. 유독 사랑 노래에 전 연인에게 더 잘해주지 못했다는 가사가 많은 건 이런 이유에서일 것이다.

나의 경우에는 그 소중함을 당연시하게 되는 것이 부모님의 존재였다. 부모님께서 해주시는 것들이 당연하게 느껴지는 것이 아니라, 언제나 내 곁에 계시는 이 일상이 지속될 것처럼 생각했다. 하지만 떨어져서 지내면서 가끔 어디가 편찮으시다는 소식이 전해져 오면 나에게 그 소중함이 당연하지 않다는 것을 상기시킨다.

내가 하루하루 성장하고 나날을 보냄에 따라 부모님과의 이별의 시간이 한 걸음씩 다가온다. 나는 그 걸어가는 과정에서 과정의 감사함을 잊고 살아가다 갑작스럽게 그 순간이 닥쳐오면 누구보다 많이 울며 후회할 것이다.

그렇기에 감사함을 잊어도 내 몸이 기억하도록 그 감사함을 표현하는 습관이 들어있어야 한다.

부모님만 소중한 것이 아니다. 전쟁 없이 평화롭게 하루를 보낼 수 있는 것, 주변에 아픈 사람이 없는 것, 오늘 내가 건강한 것, 혹은 주식이 어마어마하게 떨어지지 않은 것 등등. 내가 평상시와 같을 것이라고 기대하는 모든 것이 사실은 소중한 것이다.

감사한 순간이 있을 때 늘 표현하려 애써야 한다. 이를 통해 뇌가 감사함을 잊어도 몸이 감사함을 기억할 수 있도록.

나는 감사함을 표현하는 데 서투른 부분이 확실하다. 소중한 사람에게 자주 연락하지 않고, 나의 신체가 건강함에 대한 감사함을 잊어 컨디션 관리를 제대로 안 하다가 아프고 나서야 후회한다. 뼈가 부러졌을 때는 '불과 5분 전까지만 해도 이 손가락이 멀쩡했었는데.' 하고 생각했다.

감사함을 표현하는 것은 마음으로 하고 끝나는 것이 아니다. 늘 감사한 마음을 지니는 것은 좋지만 행동으로 드러나지 않으면 그건 가짜 감사함이다. 나의 척추가 멀쩡한 것이 감사하므로 자세를 바르게 유지하고, 나의 간이 건강함에 감사하므로 술을 적게 마시고 잠을 제때 잘 잔다.

부모님이 건강히 계시는 것이 감사하므로 늘 안부 전화를 드리고 연인이 건강하고 행복하게 있다는 것이 감사하므로 말이나 선물 외에도 상대를 소중하게 대하는 방법을 늘 생각한다. 이런 것들이 감사함을 겉으로 표현하는 것이다.

솔직하게 인정하자. 나는 이런 것들을 평상시에 잘 안 한다. 몸도 마음도 감사함을 잊는 것이다. 그래서 늘 없어지고 나서 후회했다. 감사함을 잊지 않아야 한다고 말하는 건 쉽지만 감사함을 잊어도 표현할 수 있도록 하는 건 꽤 피곤한 것이다.

하지만 지금의 피곤함과 나중에 겪을 커다란 후회를 저울질하면 지금 조금 피곤하고 귀찮은 것도 이겨낼 힘이 생기지 않을까?

내게 주어지는 하루가 감사하다는 것을 늘 생각하며 나 자신과 주변에 어떻게 감사함을 표현할지 생각하고 행동해야겠다.

사람을 평가하는 것

친구 따라 강남 간다는 말이 있다. 누구나 곁에 있는 사람의 영향을 많이 받기 마련이고, 나는 특히 음악 취향부터 시작해서 말투, 성격 등 많은 부분에서 영향받았다.

친하게 지내고 싶은 사람과 그렇지 않은 사람이 있었다. 친하게 지내고 싶은 사람과 친하게 지내고, 그렇지 않은 사람을 밀어내면 인간관계가 건강해질까?

공자는 사람을 성인, 군자, 범인, 소인으로 나누어 소인이 군자에 가까워지도록 교육하고자 하셨다. 그러나 소인 중에서도 교육이 안 되는 사람이 있다.

공자는 그런 사람은 속으로만 두려워하고 멀리하며 겉으로는 웃는 얼굴로 대해 서서히 멀어져야 한다고 말씀하셨다.

어렸을 때 이에 대해 배웠을 때는, 속으로 주변 사람들을 생각하며 누가 소인이고 누가 범인이고 하는 것만 생각했다. 그리고 내가 소인인 것은 아닌지 경계해야 한다고 생각했다. 실제로는 나의 행동을 제대로 돌아보지 못하고 생각한 것을 실천으로 옮기지 못했다.

스스로가 소인인지 아닌지를 판별하는 것은 매우 중요하다. 하지만 자신을 아는 것만큼이나 남을 아는 것도 중요하다. 내가 기준이 바로서 있다면 선한 사람을 가까이하고 악한 사람을 멀리할 수 있다.

하지만 그런 기준도 없는 상태에서 자의적으로 구분하는 것은 위험하다. 세상은 안 좋은 점만 있는 사람과 완전히 좋은 점만 있는 사람으로 이루어져 있지 않기 때문에 그 구분이 쉽지 않다.

실제로 나는 나와 맞지 않는 사람을 미워하고 나에게서 멀리했을 뿐, 절대적으로 악한 사람을 밀어낸 적은 단 한 번도 없었다. 내가 미워했던 그 모든 사람에게서 좋은 점을 늘 찾아낼 수 있었고, 반대로 내가 좋아하는 사람들에게서도 대부분 나쁜 점을 찾아낼 수 있었다.

이렇게 기준이 모호하고 사람을 볼 줄 모르는 상태에서 나에게 편한 사람만 가까이하고 같이 있으면 불편하거나 특히 내 친구들이 싫어하는 사람을 미워하게 되면 늘 역사 교과서에서 보는 연산군과 같은 상태가 될 수 있다. 결국 그 카르마는 전부 자신이 돌려받게 될 것이다.

그만큼 누군가를 평가한다는 것은 함부로 해도 될 문제가 아니다. 누군가를 미워할 때 늘 조심하고자 하지만, 마음처럼 쉽지는 않다. 특히 기준이 없을수록 친구에게 휘둘리기 십상이다.

친구들이 누군가를 싫어한다고 뒷담화하고 있으면 나도 그 사람이 덩달아 좋게 보이지 않게 된다. 반대로 내가 개인적으로 꺼리던 사람을 친구들이 칭찬하면 싫어하던 마음이 사라진다. 집단의 의견에 동요해서 그 사람이 나쁜 사람인지 좋은 사람인지 정해버리기 때문이다.

사실은 친구들과 단체로 누군가의 잘못을 얘기하면 그게 정말 잘못한 것인지 그저 미운 털이 박혀 행동 하나하나가 미워보였던 건지 보일 때가 있다.

그럼에도 그 친구 편을 들어주는 대신 그 공간에서 침묵을 지킬 뿐이고, 그 친구의 실제로 좋지 않은 점이 화두로 나오면 마치 싫어해야 할 점을 찾았다는 듯이 반응하는 것이다.

실제로 싫어하게 된 그 사람이 정말 못났을 수 있다. 그러나 내가 그렇게 생각하지 않았다면 친구들에게 끌려가서는 안 된다.

나는 혼자서 누군가를 깊게 미워한 적이 별로 없다. 기준이 없어서 상대에 따라 나의 대응이 달라지기 때문이다. 그러나 반의 분위기에 휩쓸려서 누군가를 멀리하였고, 그때의 일이 기준처럼 되어서 그 친구와 비슷한 친구들은 모두 멀리했었다. 그런 친구들은 모두 나쁜 애들이니 그렇게 멀리 해도 괜찮다고 생각했다.

하지만 지금은 다르게 생각한다. 그 친구들이 나쁜 사람이어서가 아니라 단순히 나와 맞지 않으면 멀리할 뿐, 누군가를 좋다, 나쁘다 평가하지 않는다. 애초에 기준도 없는데 평가한다니 어불성설이다.

반대로 내가 타인에게 밀어내야 할 존재로 여겨지는 건 아닌지 생각해보는 것도 중요하다. 소인은 공부를 거듭하여 군자에 가까운 존재로 성장해야 하는 것이지, 남에게 소인 군자를 들이대며 평가하여서는 안 되는 것이다.

내가 멀리한 친구가 소인이고 내가 더 나은 사람이라고 믿고 싶은 마음을 꾹 참고, 내가 나보다 좋은 사람을 일부 단점만 보고 밀어낸 것은 아닌지 생각하려 한다. 주변의 영향을 많이 받는 만큼 좋은 사람만 곁에 둬야 하니 말이다.

오만함에서 오는 차별

나는 오만함이 있다. 늘 오만해지지 않으려고 경계한다고는 하지만 생각보다 많은 부분에서 나의 오만함이 드러나 종종 놀랄 때가 있다. 그중 하나가 학벌이다.

사람이 다니는 대학은 그 사람이 시험을 잘 봤다 이상으로 알려줄 수 있는 게 없다. 이 사람의 성품이나 평소 생활 습관, 자기 관리의 정도 등 일상생활과 관련된 것은 직접 그 사람과 만나봐야만 알 수 있는 것이다.

실제로는 내신이든 수능이든 자신이 쌓아온 노력에 비례하는 결과로 대학을 간 것이기에 높은 대학일수록 전반적인 수준이 높을 수는 있다. 하지만 그 차이를 인정하면서도 겸손한 것과 그 차이를 근거로 다른 이들을 은근히 무시하며 자존감을 채우는 건 전혀 다른 얘기다.

훈련소에서는 각자 생활관의 구역을 담당해서 청소해야 하는 시간이 있다. 임무 분담제 시간이라고 한다. 내가 쓰는 방의 담당 구역은 화장실이었다. 한 주만 힘내면 되니까 크게 상관없다고 생각했다.

그런데 한 번은 화장실 청소를 하며 변기를 닦고 물을 내리는데 물이 안 내려갔다. 딱히 막힌 것도 없어 보일 만큼 물이 깨끗했지만 우선 청소하던 다른 친구를 불러 변기를 뚫어달라고 부탁하고 다른 곳을 닦았다.

잠시 후 변기를 뚫던 친구가 탄성을 질렀다. 무슨 일인가 싶어 그 친구 쪽으로 갔더니 세상 어이없다는 표정과 함께 간식으로 나온 레몬 빵을 보여주었다. 누가 그걸 포장을 뜯어서 통째로 변기에 넣고 물을 내린 것이었다.

보자마자 헛웃음이 나와서 둘이서 웃었다. 그리고 바쁜 시간에 그 사람 때문에 일이 늘었다며 화를 냈다. 그리고 속으로 생각했다. '그래도 대학에 다닌다는 사람들이 모인 부대인데 이게 말이 돼?' 그때까지는 별 생각 없이 그렇게 투덜거리며 청소를 마쳤다.

그날 잠자리에 들 때 같은 생활관을 쓰는 동기들에게 변기 막

혔었다고 얘기하며 낄낄거렸는데, 눕고 나니 아까 했던 생각이 떠올랐다. '대학에 다닌다는 것과 상식 밖의 행동을 한다는 게 무슨 상관이지? 그럼 대학을 다니지 않는 친구들은 이런 짓을 할 수 있다는 건가?' 매우 실례되는 생각이다.

한 번은 다른 친구와 근무를 서게 됐는데, 그 친구가 연세대 출신이냐며 대단하다고 말해준 적이 있었다. 어떻게 대답해야 좋을지 몰랐다. 대단하다고 해준 것은 무척 기뻤는데 대놓고 기뻐하면 재수 없어 보일 것 같았다.

그래서 나는 그럴 때 운이 좋았다, 내가 잘나서 간 게 아니라 그만큼 힘들게 했다는 등 내 머리가 잘나서가 아니라 힘들게 해서 간 것이라고 어필한다.

나는 이걸 겸손하다고 생각해서 한 것이지만 실제로는 무의식적으로 상대가 내가 머리가 좋다고 생각할 것이라고 단정 지었기 때문에 나온 반응인 것이다.

생각이 오만한데 겸손한 말이 나올 수 있을까? 나는 아니라고 생각한다. 그래서 더 이상 오만한 말을 하지 않도록 화제를 돌렸다.

앞선 일화에서 내가 뚫지 못한 변기를 뚫어줬던 그 친구도 나보다 낮은 대학에 다니는 친구였다. 하지만 나는 생활관에서 그 친구에게 청소 방법이나 자기 관리 등 많은 것을 배웠다. 그 친구는 나보다 요령도 좋고 손재주도 좋은 친구였다. 그러면서도 다른 사람에게 정중하게 대하는 멋진 사람이었다.

그 사람이 학창 시절에 얼마나 성실했는가의 차이로 대학이 달라질 수는 있겠으나, 그것이 그 사람의 됨됨이까지 전부 말해주지는 않는다. 오히려 훈련소에서 나보다 훨씬 낫다는 생각이 드는 사람을 많이 만났다.

그럼에도 속으로 구분 지어서 차별했던 일들은 오히려 내 사람 됨됨이가 참 부족하다고 느끼게 했다.

누구에게든 배우는 자세를 지니고 대학으로 사람을 차별하는 일이 없도록 마음가짐부터 바꿔야겠다. 높은 대학에 가려는 것은 나의 성장을 위한 것이지 남을 무시하기 위한 것이 아니다. 그리고 이런 마음가짐이면 어느 대학을 갔어도 누군가를 무시했을 것이다.

늘 겸손한 태도로 살아가야 한다고 스스로도 생각하지만, 나의 끝없이 이어지는 오만함에는 늘 놀란다. 겸손하게 살아가려면 평생을 노력해야 할 것 같다. 스스로에게서 더 이상 오만한 점을 발견할 수 없게 될 때까지 공부하며 살아야겠다.

성장에서 겪는 불편함

훈련소에서 교육받는 것은 고된 훈련이었다. 일정은 소화해내기 빡빡하고 훈련 강도는 높다.

외워야 할 것이 많은데 생소하기까지 해서 머리에는 잘 안 들어오고 몸은 힘들어서 생활관에 돌아오면 피로에 몸이 녹초가 되어있다. 너무 힘들어서 중간에 열외하고 쉬고 싶었던 적이 한두 번이 아니었다.

하지만 정말 불만이었던 건 따로 있었다. 생활관에서는 다음 날 혹은 다음 주 월요일에 있을 훈련을 예습하는 시간을 갖는다. 나는 그 시간이 무척 싫었다.

표기상으로는 개인 정비 시간이라고 해서 자유 시간처럼 생각하고 있었는데 실제로는 교육받느라 시간이 다 가는 것이다. 좀 쉬자 싶으면 교육받고, 교육받고 나면 분주하게 청소해야 하니 나뿐만 아니라 동기들도 불만이 쌓여갔다.

무언가를 배운다는 것은 이렇게 불편함을 동반하는 일이다. 공부하다 보면 막힘이 있어 진도가 안 나가고, 훈련을 받으면 몸이 힘들어서 머리에 내용이 잘 안 들어온다. 그러면 실수하기도 하고 여러 가지 애로사항이 꽃피게 되는 것이다.

나는 이 불편함을 잘 못 참았다. 어렸을 때부터 공부하다가 막히는 것에 짜증이 났고, 그때마다 피하려고 했다. 지금도 공부를 시작하려 하면 생기는 저항감, 나의 생활을 바꾸려고 할 때마다 원래 생활로 돌아가려고 하는 것을 경험한다.

그럴 때마다 포기하고 싶어져서 다른 것으로 눈을 돌렸다. 괴롭다고 느낄 때 편리하게 그런 생각을 없앨 수 있는 것이 오락 같은 것이다. 직접적인 게임이 아니더라도 그런 영상을 시청하거나 음악을 듣는 것, 딴생각하는 것 등을 모두 통틀어서 오락이라고 하면 누구나 힘들 때 오락을 찾는다.

하지만 사람은 성장하면서 많은 불편함을 감수해야 하는 것 같다. 지칠 때마다 다른 것에 눈을 돌리며 불편함을 매번 해소하면 성장이 없거나 매우 더디다.

운동을 예로 들어보자. 내가 팔굽혀펴기를 40개 할 수 있는 사람이라면 하루에 35개 하는 건 저항감이 없다. 마지막 5개는 좀 힘들더라도 더 하면 해낼 수 있는 개수이다.

이때 35개를 하는 건 성장이 아니라 퇴보다. 내 근육은 35개에 맞춰져서 40개를 할 수 없는 상태가 될 것이다. 그리고 40개 할 수 있으니 40개만 하는 건 멈춰 서는 것이다. 퇴보는 하지 않겠지만 딱히 성장하지도 않을 것이다.

40개 할 수 있을 때 45개를 하고, 45개를 해서 팔이 더 이상 내려가지 않을 것 같을 때 후들거리면서도 하나를 더 해내는 것이 성장이다. 이때 팔이 아프고 숨쉬기가 힘들어서 힘을 당장 놔 버리고 싶은 그 느낌이 성장에 따르는 불편함이다.

누구나 팔굽혀펴기 개수를 늘려 본 사람이면 알 것이다. 내가 팔굽혀펴기를 40개 할 수 있는 사람이라면 40개가 되었을 때 바로 힘들어지는 게 아니라는 것을 말이다.

팔굽혀펴기 40개가 가능한 사람은 25~30개에서 조금씩 힘들어지는 게 느껴진다. 그 불편함은 하나를 더할 때마다 커져서 40개가 되면 감당할 수 있는 최대치에 도달했다고 느끼게 되는 것이다.

하지만 그 최대치에 도달했다고 느꼈을 때 더 위로 올라가려고 하면 신기하게도 점점 올라가진다. 그것이 성장이다.

사람의 성장은 결국 감당력을 늘리는 것이다. 이전 책을 쓸 때는 한 달이 넘는 시간동안 썼다. 그렇게 여유로운 시간은 아니었지만, 그래도 하루에 글 한 편 쓴다고 생각하고 부담스럽지 않게 썼다.

그러나 이번 두 번째 책은 훈련소에서 겪었던 경험과 그 경험들에 대한 나의 생각을 적는 것이어서, 짧은 시간동안 글을 몰아서 쓰는 느낌으로 진행되었다.

이렇게 일이 진행되는 동안 내 마음가짐은 어떻게 바뀌었을까? 책을 처음 쓸 때는 책이 나오는 데 몇 달 걸리겠지 하고 생각했다. 두 번째 책을 쓰기 전에는 한 달이면 책 한 권 쓸 수 있다고 생각했다. 그리고 지금은 일주일 안에 책을 쓰기 위해 고군분투하고 있다. 못해도 2주면 다 쓰겠다는 생각이 든다.

이런 과정이 바로 감당력이 늘어나는 것이다. 2주 안에 써지는 책은 한 달이 넘는 시간동안 쓰는 책과 같은 품질로 써야 하므로 훨씬 고된 작업이지만, 이것을 수행해내고 나면 이제 그것은 더 이상 나에게 할 수 없는 일로 남지 않는다.

사람은 자신이 뚫어낼 수 있을 것 같지 않은 벽을 뚫어낼 때 성장할 수 있다. 가끔 이 벽이 너무 버겁게 느껴져서 포기하고 싶은 순간들이 찾아온다.

중간에 그만둬버리는 포기가 아니라, 이건 못한다고 생각하고 일을 어중간하게 하고는 있는데 마음은 이미 그곳을 떠난 상태인 것이다. 이런 경우는 성장이 아니다.

그건 제시간 안에 주어진 일을 해낼 수도 없을뿐더러 무언가를 배울 수 있는 마음가짐도 아니다. 일도 제대로 안 끝나고 배운 것도 없으니 헛수고다. 그렇게 할 거면 차라리 빠르게 완전히 포기하는 게 더 낫다.

말은 이렇게 하지만 나 역시 어중간하게 살아왔다. 현역 때는 완전히 포기하는 것도 아니고 열정을 불태워 공부에 최선을 다한 것도 아니어서 어중간한 결과를 받고 어중간하게 만족했다.

똑같은 학교에 왔다고 똑같은 사람이 아니다. 내가 어느 학교를 가든 최선을 다하지 않았다면 최선을 다해서 온 사람보다 부족할 수밖에 없는 것이다. 중요한 건 지금의 단기적인 결과물보다도 그것을 만들어내는 데 쏟은 최선이기 때문이다.

반수 시절에도 정말 힘들게 수험 공부를 했지만, 가슴에 손을 얹고 단 한 순간도 최선을 다하지 않은 적이 없느냐고 물으면 고개가 숙여진다.

불편할 때도 최선을 다할 수 있어야 이런 어중간한 포기를 하지 않게 된다고 할 수 있겠다. 불편할 때 어떻게 하면 좋을까? 나는 그렇게 불편할 때도 넘어가 본 적이 없어서 스스로 확답은 못 내리겠다.

하지만 한두 번의 경험으로 잘하게 될 것이라고는 생각하지 않는다. 내가 훈련소에서 적응하지 못했을 때 시간이 너무 느리게 가도 견디고 적응해 냈던 것처럼, 이 불편함을 견디고 넘어가는 것에 익숙해질 때까지 반복하다 보면 어느새 할 수 있는 사람이 되지 않을까?

그걸 어떻게 하냐고 불평하기 전에 먼저 해보고 익숙해져 봐야겠다. 의외로 사람은 어느 곳에든 적응하게 되니 말이다.

간절함이 만드는 최선

매 순간에 최선을 다해야 후회가 없다고 하지만 결국 성장에서 겪는 그 불편함에 마음이 꺾여 포기한 상태로 일을 처리하다 보면 후회가 남을 수밖에 없다.

언제나 감당력의 100%를 써서 일을 할 수는 없다. 불편함에 깎이기도 하고 내 마음이 버티지 못하면 마음을 닫고 일을 수동적으로 하게 되는 것이다.

내 고3 시절 수험 생활은 성공적이라고 말하기 어렵다. 중학교 때부터 이어져 온 공부는 전혀 달갑지 않았고 수험 기간에는 특히 성적이 마음을 짓눌러서 모의고사 종이만 보면 감정이 요동쳤다.

결국 고3 여름방학, 가장 중요한 시기에 완전히 마음이 꺾여버려서 공부는 지속하지만 하는 것 같지 않는 상태가 이어졌다.

매번 책을 펼쳐놓고 문제를 풀지만 죄다 틀리고 똑같은 실수를 반복하면서 화만 내고, 대학을 어차피 못 갈 거라는 생각에 의욕도 안 나서 딴짓을 훨씬 많이 했던 것 같다.

1학년 때부터 모의고사 성적이 나쁘지 않아서 해볼 만하다는 이야기를 자주 들었었는데 고3 때 그렇게 놀아버려서 결국 만족스럽지 못한 성적을 받았다. 문제가 어려웠다는 여러 핑계를 댔지만 그냥 내가 중간에 마음으로 포기해 버린 탓이 컸다.

어떤 행동을 지속하고 있다고 포기하지 않은 건 아니라고 앞에서 말했다. 마음이 꺾인다는 것은 더 이상 하기 싫은 상태를 지나쳐 더 이상 할 생각이 없는 상태에 이른 것이다.

공부하다가 졸릴 때 졸음을 깨기 힘든 상태와 졸음을 깰 생각이 없는 상태는 그 마음가짐이 전혀 다른 것이다. 이렇게 마음이 꺾여버리지 않으려면 심지가 굳게 서야 한다. 내가 이 일을 할 수밖에 없는 이유가 있다면 잘 꺾이지 않는다.

그리고 정말 간절할 때도 마음이 꺾이지 않는다. 너무 긴박하고 간절할 때는 마음이 꺾일만큼 힘든지조차 인지할 여유가 없기 때문이다.

나는 내 게으르고 미루기 좋아하는 성격 때문에 그런 경험을 몇 번 했다. 남들이 보기에는 단기간에 성과를 내다니 대단하다고 말하지만, 그 간절함 때문에 일을 전쟁터에서 하는 것처럼 정신없이 하는 것은 결코 유쾌한 기분은 아니다. 이걸 해내지 못하면 정말 큰일난다는 감각은 해야만 할 때가 아니면 하고 싶지 않다.

하지만 실제로 그 간절함과 데드라인이 겹쳐져서 나오게 되는 결과물은 놀라운 것이 맞다. 평소에도 그렇게 해내고 싶지만 아무 때나 그렇게 밀도 높은 집중력을 긴 시간동안 유지할 수 있는 것은 아니다.

그때는 마음이 불편함에 지치는 것보다 마음이 이 불편함을 넘어가지 못했을 때 다가올 일들이 훨씬 두려웠다. 그렇게 되니 마음이 불편함을 느꼈는지 느끼지 않았는지조차 인식하지 못했다. 이것을 평상시에도 끌어오고 싶은 것이다.

마음이 불편함을 느낄 새도 없었을 때는 일을 하면서 하기 싫다는 저항감으로 다가오는 불편함, 일이 잘 안 풀려서 답답함으로 다가오는 불편함이 없었다.

그렇다면 평상시에 그렇게 긴박하지 않을 때는 답답하고 하기 싫다는 감정이 최소화되면 되지 않을까? 마음이 굳세게 서거나 불편함이 적으면 되는 것이다.

처음에는 불편함을 적게 느낄 만한 일을 하거나, 일이 불편할 때 운동하는 것처럼 몇 분만 더 버티고 하나만 더 처리하는 식으로 조금씩 마음의 근육을 길러야겠다. 그러면 앞서 익숙해져야겠다고 썼던 것이 말로만 끝나지 않고 행동의 변화로 이어지리라.

그리고 불편함에 대한 마음의 저항을 줄이는 것 외에도 밀도 높은 집중력을 이어가는 연습도 해야겠다.

그때 내가 해냈던 일은 평상시에는 가능한 게 맞나 싶은 것이었다. 달리 말하면 그 정도가 내 최선이라는 것이다. 앞으로 로스쿨을 준비하거나 큰 일들을 대비할 때 밀도 높은 집중력을 길게 가져갈 수 있도록 지금부터 차근차근 훈련해야겠다.

원불교와의 첫 만남

훈련소에서는 주말마다 종교 활동을 가게 했다. 필수는 아니었지만 어쩌다 보니 세 번 다 원불교로 향했다.

처음에는 다른 곳은 햄버거인데 원불교는 차돌 짬뽕을 준다는 말을 곧이곧대로 믿고 생활관 동기를 따라갔다. 차돌 짬뽕을 먹게 될 생각에 잔뜩 신이 나서 갔다. 다른 종교 시설은 안이 잘 안 보이고 폐쇄적이라는 느낌을 받았던 반면, 원불교 건물은 1층이 통유리 창문으로 되어있어 개방적으로 느껴졌다.

테라스 공간에는 탁자와 의자가 비치되어 있고 내부는 따뜻한 분위기의 조명과 가볍게 차를 마실 수 있는 공간이 마련되어서 마치 카페처럼 조성되어 있었다. 그 편안한 분위기에 되게 괜찮은 공간이라고 생각하게 되었다.

1층에서 잠시 차를 마시며 대기하다 2층으로 올라가 원불교의 종교활동에 참석하게 되었을 때는 약간 거부감이 들었다. 2층도 무척 예쁜 공간으로 잘 꾸며져 있었지만 내가 종교 활동 자체에 거부감이 있던 탓이다.

원불교당으로 올라가서 종교 활동을 진행하다 보니 무언가를 믿으라는 강요보다는 주변의 것들에 감사하고 마음을 차분하게 하는 활동이 많았다.

원불교는 불교에서 출발한 것이기에 비슷하다. 다만 기존의 불교는 삶이 고통으로 가득 차 있으니 고집멸도와 사성제를 통해 그 고통을 놔주어야 한다는 시선으로 세상을 바라보았다면 원불교는 세상을 감사의 시선으로 바라본다.

먼저 네 가지 감사함에 대해 예배를 올리는 시간을 가졌다. 자연, 부모님, 주변 사람들, 법률에 대한 것이다. 그 후 마음을 비우는 명상과 같은 시간을 가졌는데, 종을 두드려서 울리는 동안 생각을 내려놓고 나의 호흡에 집중하며 눈을 감고 조용히 앉아있는 것이다.

실제로 몸이 가벼워졌는지, 몸이 편안해졌는지는 느낄 수 없었다. 명상을 해본 적도 없고 나의 마음이 몸 한가운데에 모여서 따뜻해지는 것을 느껴보라고 하시는데 도무지 느껴지지 않는 것이다. 그럼에도 내 신체가 힘들 때 쉬어주듯 내 마음이 힘들 때 쉬어준 것 같은 느낌이 들어서 좋았다.

낭독하는 시간도 있었다. 원불교에서는 성직자를 교무님이라고 하였는데, 가르치는 데 힘쓰는 사람이라는 뜻이었다. 교무님이 영주, 청정주, 일원상서원문 같은 것을 낭독하면 우리도 그것을 따라 읽었다.

의미도 모르고 따라 읽었으나 무상함이 용, 유상함이 체라고 하는 것을 들으니, 주자학과 양명학 시간에 배웠던 체와 용의 관계가 생각났다. 중국을 거쳐 들어온 불교는 그 당시 학문의 영향을 받아 살이 붙고 인도의 불교와 중국의 학문이 섞인 것이었는데, 원불교는 그러한 불교의 영향을 받은 것 같다.

원불교 종교 활동의 핵심인 설교 시간에는 3주 동안 각각의 주제가 있었다. 설교 시간까지 모두 끝나면 마지막으로 인사하고 헤어지는 것이었다.

결국 마지막에 끝나고 나왔을 때 받은 것은 차돌 짬뽕이 아닌 다른 종교와 똑같이 햄버거를 받았다. 워낙 원불교가 무언가를 믿으라고 가르치는 종교도 아니었고 편안한 분위기였기에 모두가 만족했다.

특히 좋았던 것은 원불교의 성경 같은 원불교 전서에 쓰여 있던 내용으로 원망하는 생활을 감사하는 생활로 바꾸고 타인에게 의존하는 삶을 자기 스스로 서는 삶으로 바꾸자는 내용이었다.

늘 감사함을 몸으로 표현하는 습관을 들여야 한다고 썼던 것에서 연장된다고 볼 수 있을 것 같다. 타인에게 의존하는 삶이 당연해지면 감사함도 덩달아 사라진다.

그러니 자립하는 삶을 살아서 건전해지고 당연한 것이 주어지지 않는다고 생각해서 원망하기보다 현재 나에게 있는 것에 감사하는 삶으로 바뀌어야 한다는 것이 이번 훈련소에 가서 배우는 것을 집약해서 정리해준 것 같아서 무척 마음에 들었다.

전체적으로 보았을 때 원불교에 대해서 배우고, 한 주의 힘들었던 마음을 힐링하는 시간처럼 다가와서 편안했다. 마치 종교를 전파하듯 주변 사람들에게 권할 생각은 없지만 원불교에서 하는 마음공부는 훈련소를 나간 뒤에도 조금씩 해보고 싶다.

좋은 시간을 마련해주신 김혜련 교무님께 감사의 말씀을 전하고 싶다.

절대 세계와 상대 세계

원불교에서 첫 주 차에 배운 내용은 상대 세계와 절대 세계였다. 핵심부터 말하면 상대 세계를 절대 세계로 바꾸자는 것이었는데, 자신의 기준에 관한 얘기였다.

우리는 대한민국에서 살아가면서 많은 것들을 비교하면서 살게 된다. 당장 학교에서는 상대평가를 진행하여 나와 다른 친구의 성적을 비교하고 수능도 점수 분포를 기준으로 등급을 정한다.

사회에는 다른 사람보다 내가 회사에 적합하다는 것을 보여야 하고, 나와 비슷한 나이대의 사람과 나를 비교하게 된다.

이렇게 비교하는 방식을 배워서 우리는 늘 비교하며 살아가는데, 보통은 나보다 낮은 사람과 비교하며 만족하거나 나보다 높은 사람과 비교하며 스트레스를 받는다. 그러니 기준을 남보다 나 자신에게 두자는 것이었다. 남보다 잘하는 것보다 어제의 나보다 나은 오늘을 만들어가는 것이다.

물론 쉽지 않은 얘기다. 당장 대학교에서는 등급을 매겨야 하므로 각 등급의 비율을 정해서 점수를 매긴다. 친구들은 나보다 훨씬 하는 것도 사회 경험도 많아보여서 불안해진다. 세상은 나 혼자서만 살아가는 게 아닌데 나에게 기준을 맞추라는 것도 어려워 보인다.

그러나 남들과 비교하지 않는 것이 남에게서 아무것도 배우지 말라는 것은 아니다.

예를 들어보자. 친구가 유학을 다녀와서 영어를 잘한다. 타인과 비교하는 사람은 자신은 집에 있을 동안 저 친구는 유학을 다녀와서 영어가 자연스럽게 늘 수밖에 없었던 것이라고 비교하고 평가한다. 하지만 기준이 자신에게 있는 사람은 영어에 많이 노출되니 영어가 늘었다고 생각하고 해외에 나가는 것이 아니더라도 자신을 영어에 노출하려 노력한다.

기준이 자신에게 있다는 것은 나 하나만 생각하는 것이 아니다. 타인에게서 배울 점을 찾아 자신에게 적용했을 때 그렇지 않았던 나보다 얼마나 성장했느냐를 보는 것이다.

몇몇 친구들이 나에게 주변에 책을 쓴 친구가 없어서 신기했다고 말해줬다. 내가 절대 세계에 사는 사람이면 이런 말에 기뻐할까? 그렇지 않다. 하지만 내가 상대 세계에 사는 사람이면 이런 말이 기쁠 것이다. 남보다 앞서 나가는 것처럼 느껴질 것이기 때문이다.

그렇게 얘기해준 친구에게는 무척 고맙지만, 내가 그 말에 기뻐하면 안 될 것처럼 느껴졌다. 그래서 책 한 권으로 만족하지 말자고 스스로에게 말했다. 더구나 내 힘으로 출판한 책도 아니다. 그러니 더더욱 만족하지 말고 배워 나가야 하는 것이다.

말은 거창하게 했지만 실은 나도 상대 세계에 더 가깝다. 누군가를 보면서 부러워하지는 않지만, 누군가를 보며 내가 지금 어느 정도 위치인지 자꾸만 확인하려고 한다.

아래라고 생각하면 위기감을 느껴서 위로 올라가려고 하며, 어느 정도 올라오면 밑을 보며 만족한다. 내가 저 사람보다는 낫다는 것과 비슷한데, 아래에 있던 나를 생각하며 이 정도 했으면 됐다고 만족하는 것이다.

나 자신의 향상에 만족하는 것이니 비교하지 않는 것 같지만 만족했다는 것은 어떤 기준에 도달했다는 것이고, 그 기준은 바깥에서 온 것이다.

나 자신과의 비교를 통해 만족감을 얻는 사람은 더 성장하려고 하고 계속 기준을 높여간다. 그런데 나는 다른 사람들의 적당해 보이는 선을 기준 삼아서 도달하고 이만하면 됐다고 생각하는 것이다. 이것 역시 결국은 상대 세계의 사고방식이다.

타인을 보면서 내가 하고 싶은 것을 찾는 것과 타인이 하는 게 부러워서 나도 저걸 하고 싶다는 마음을 구분하는 게 쉽지는 않다.

하지만 남들보다 나 자신에게 집중하며 남들이 했을 때 좋아 보이는 게 아닌 내가 했을 때 좋을 것을 찾는 데 노력을 기울이다 보면 어느샌가 절대 세계에서 소소하지만 행복한 삶을 살고 있는 자신을 발견하게 되지 않을까?

너와 나

원불교의 두 번째 수업은 너와 나에 대한 것이었다. 개인적으로 가장 흥미로웠던 설교 시간이었다. 나에게 있어 '나'와 '너'는 사람에 한정된 개념이었다. '나'가 모이면 '우리'고, '너'가 모이면 '너희'라고 생각했다.

근데 교무님이 말씀하시는 나와 너는 조금 달랐다. '나'라는 것은 상당히 독특한 개념이었다. 원래는 나의 의식이 나의 신체라고 인식하는 것까지가 나일텐데, 특정 순간에 나라는 것이 함의하는 대상이 달라진다.

《대학에서 만난 철학》에서 연고전에 갔던 이야기를 썼었는데, 왜 좋아하지도 않는 축구를 보며 그렇게 즐거웠는지 결국 이유는 규명하지 못했다. 그런데 나와 너에 대해서 배우다 문득 연고전이 생각났다.

단순히 떠들썩한 분위기 때문에 즐거웠던 거라면 승패는 중요하지 않았을 것이다. 하지만 고려대가 이겼다면 경기 직후에는 아쉬움이 남았을 것이다. 실제로 축구 경기가 끝난 직후 연세대 측 좌석은 환호성이 터져 나왔지만 고려대 측 좌석은 조용했다.

어째서 그렇게 뜨거웠을까? 그것은 나와 우리 학교의 축구팀을 겹쳐보았기 때문이다. 그 순간에 우리 팀은 나였다. 내가 이기니 기분이 좋을 수밖에 없다. 그 순간에 나에게 있어서 "나"는 내 신체뿐만 아니라 이 즐거움을 공유하는 연세대학교 구성원의 모두였다.

하지만 평소 학교의 운동장으로 가보면 축구팀이 그렇게 낯설다. 대화 한 번 해본 적 없고 서로 잘 모른다. 내가 속해 있는 철학과 동기들보다 훨씬 먼 사람처럼 느껴진다. 이때 축구부는 '너'이고 철학과는 '나'인 것이다.

나에게 있어 내 자신은 소중한 반면 너에 해당하는 것들에 대해서는 별로 관심이 없다. 내가 응원하지도 않는 두 축구팀이 오늘 중요한 경기를 펼친다고 한들 누가 이기던 관심이 없는 것이다.

이처럼 교무님께서는 너와 나의 특이성을 말씀하시며 사람들을 너로서 대하지 말고, 나로서 대할 때 더 소중히 여기게 될 것이라고 하셨다. 그 말씀이 정말 인상깊었다.

교무님께서는 과자 얘기를 하셨다. 내 친구가 다른 친구한테 과자를 뺏기는 걸 보고 있으면 별 생각이 안 든다. 둘이 사이좋게 논다고 생각하고 말 것이다. 하지만 내가 들고 있는 과자를 친구가 뺏어 먹으면 그 친구는 나에게 등을 맞게 될 것이다.

그 순간에 내가 들고 있는 과자도 나다. 그리고 그 과자를 받을 예정이었다면, 아직 받지 않았어도 그 과자까지 나다.

이렇게 사람은 나에 대한 것은 지키려 하고, 너에 대한 것은 관심을 갖지 않는다. 나에게 주어질 것도 나로 여기게 되는 것이 재미있다.

ROTC 단기 복무를 희망하면 단기 복무 지원금으로 1,200만원이 지급된다. 이 1,200만원은 내 수중에 들어오지도 않았는데 벌써 나로 인식하는 것이다.

지급되지 않으면 불같이 화를 낼 것이다. 그게 들어오지 않아도 나에게 피해가 온 것은 전혀 없는데 말이다.

조금 더 확장해서 얘기하면 나에게 주어지지도 않았는데 그것이 없어졌다고 화를 내는 것은 그것이 내게 주어지지 않았기 때문에 화가 난 것이 아니다. 내게 마땅히 주어져야 한다고 생각했기 때문에 화가 난 것이다. 이 경우 화를 부른 건 나다. 내 것이 돼야 했을 것이 남의 것이 되면 나도 화난다.

하지만 그렇게 화내면서 살면 별로 즐겁지 않다. 그래서 나는 내 수중에 들어와 내가 마음대로 처분할 수 있는 것만 내 것으로 여긴다. 내 수중에 들어와 있어도 어딘가에 쓰여야 할 것이라면 내 것이 아니다.

교무님의 말씀에 물건은 너의 것처럼 대해야 한다는 말을 덧붙이고 싶다. 사람은 나처럼 대하되 물건은 너처럼 대하는 것이다.

그러면 그것이 사라져서 감정이 동요하지 않고, 생겨서 기쁘지도 않다. 나를 스쳐 지나가는 것일 뿐이다. 무언가 없어지면 슬프고 불안하긴 하겠지만 그것에 나를 옭아매지는 않는다.

원불교에서 배우고 오기 전에는 1,200만원이 생기면 어떻게 해야겠다는 생각에 들떠있었지만, 지금은 차분히 잊고 지낸다. 어떤 문제가 생겨서 지급이 지연되거나 불가능해지면 무척 화날 것이기 때문이다.

세상에 돈 문제로 싸우게 되는 일들이 너무 많다. 자세히 말하긴 어렵지만 내 주변에도 재산 문제로 서로 피곤하게 하는 곳이 있는데, 소식이 들려올 때마다 마음이 좋지 않다.

사람은 나처럼 대하고, 물건은 너처럼 대할 수 있다면 그런 문제는 일어나지 않을 것이다. 좀 더 많은 사람이 알 수 있게 되면 좋겠다.

마음가짐 문제

마지막 주차 때는 마음가짐에 대해서 배웠다. 교무님께서는 재미있는 얘기 하나를 들려주셨다.

교무님께서는 아침에 차를 몰고 원불교당으로 출근하신다. 그러면 그 앞에 작게 주차 공간이 있는데, 조금 늦게 가면 차로 꽉 채워져 있어 본인의 차를 댈 곳이 없다고 하셨다. 교무님이 주무관님께 차를 대지 않도록 전해달라고 부탁하면, 벌써 아침부터 2명의 사람이 기분이 좋지 않다.

그 대신 교무님이 일찍 나가셔서 여유 있을 때 주차장에 차를 댄다. 그리고 시간이 좀 지나 밖에 나가보면 주차 공간이 꽉 차 있다.

교무님은 이때도 기분이 안 좋으실까? 그렇지 않더라는 것이다.

주차 공간에 차가 가득 들어차 있는 것이 잘못이었던 게 아니라, 거기에 나의 차가 들어있지 않은 게 맘에 들지 않았다고 말씀하시며 결국 자신의 기분이 좋지 않았던 것은 자신의 마음가짐 때문이었다고 하셨다.

재밌으면서도 놀라운 이야기다. 내가 같은 상황을 겪었다면 여기 내 근무지인데 왜 여기다 차를 대는 거냐고 생각하면서 따질 것 같았다.

그런데 교무님은 그 대신 자신이 더 일찍 온 것이다. 교무님께서는 결국 마음가짐의 문제였고 화를 만든 건 본인이라고 하셨다.

세상에 화낼 일은 너무나 많다. 나는 고등학교 시절 나를 골탕 먹이려는 뭔가가 있을 거라고 굳게 믿고 그 대상에 대해 화를 내곤 했다. 그만큼 모든 일이 잘 안 풀린다고 생각했고 늘 내가 하는 일마다 잘 안되게 하는 무언가 있을 거라는 피해망상에 절여져 있었다.

지금은 이해가 잘 안 가는 행동이었지만 아마도 일이 안 풀리는 것에 대해 답답해서 화를 낼 대상을 임의로 만들어서 답답함을 풀고자 했던 행동이었을 거라고 생각한다.

하지만 화를 내기로 결정한 것은 나 자신이다. 그 당시 내가 지원한 고등학교에 나를 제외하고 내 친구들 모두가 붙어서 모두 축제 분위기였다. 합격자 명단에 이름이 없었던 나는 웃을 수 없었다.

반대로, 만약 나만 붙고 내 친구들이 모두 떨어졌다면 나는 기분이 좋았을까? 그렇지 않았을 것 같다. 내가 원했던 것은 친한 친구들과 함께 고등학교에 가는 것이지, 지원했던 학교에 가는 것 그 자체가 아니었다.

처음에는 나만 떨어졌다는 사실에 힘들어했다. 하지만 새로운 고등학교에 가서 금방 적응했고 오히려 중학교 때 친구들보다도 더 친해졌다.

새로운 고등학교에서 새로운 만남이 있을 것은 생각 못하고 억울한 일만 생각하면서 화를 냈으니 순전히 내 마음가짐 문제였던 것이다.

그렇다면 올바른 마음가짐을 가져서 이런 문제로부터 자신을 놔주어야 할 것이다. 나는 그 올바른 마음가짐이 남에게서 원인을 찾지 않는 것이라고 생각한다.

원불교 앞 주차공간에 차를 댔던 다른 사람들은 차 댈 곳을 찾지 못해서 그곳에 댔을 수도 있고, 아침 시간에 귀찮아서 가까이 있는 건물에 차를 댄 것일 수도 있다.

그러나 상대의 이유가 나의 기분을 흔들게 놔두면 나의 감정은 상대의 말에 끌려다니게 될 것이다.

상대가 내 기분을 조종할 수 있다는 것은 좋은 일이 아니다. 내 신체의 자유를 보장받지 못하는 일이기 때문이다. 기분이 좋았는데 상대의 말 한마디에 기분이 상해서 그날 하루를 내내 기분 나쁘게 보내는 것은 손해다.

그러니 상대와 상황에 내 기분이 좌지우지되지 않도록 그 탓을 나로부터 찾는 것이다.

나 역시 잘 못하는 것이다. 아무리 평소에 이렇게 생각하고 있어도 기분 나쁜 순간은 갑작스럽게 찾아오기 때문이다.

하지만 그럴 때마다 잠깐 열을 확 받은 그 느낌이 나를 그대로 통과해 나간다고 생각해보자. 전에 화가 났던 일을 내 탓으로 돌리는 건 쉽지는 않겠지만 할 수 있다.

다만 감정이 요동치는 그 순간에는 내 탓을 찾다가 '아니, 이게 내 탓이야?'라고 생각하면 오히려 더 열 받을 수 있다. 그러니 그냥 감정의 요동이 나를 스치고 지나가면 그래, 그렇구나 하고 넘어가 보는 것이다.

나중에 그 일에서 내 탓을 발견하고 그런 일이 안 일어나도록 해도 늦지 않다. 잠깐의 화 때문에 일을 그르치고 자신을 무너뜨리는 일이 없도록 해야겠다.

철학을 좋아한다는 것

철학과에 오고 나서 알게 된 사실인데 생각보다 내 주변에 철학에 관심을 가진 사람들이 많았다.

사실 나는 철학에 대해서 아는 것도 많이 없고 지식도 얕다. 읽어본 책도 몇 권 없는데 여러 철학자의 이름이 들려오면 간신히 대화를 이어가지만 깊게 대화하기는 어렵다.

훈련소에서도 친구들과 철학 얘기를 할 기회가 몇 번 있었다. 철학적 문제에 대해 나의 관점을 이야기하는 것은 나의 의견을 말하는 것일 뿐이니 어렵지 않았다. 하지만 철학자 얘기가 나오면 별로 할 말이 없어지는 것이다.

내가 지금까지 배운 철학은 아직 수박 겉핥기 수준이다. 서양 철학의 경우 중세 이전까지의 철학자만 다뤄서 현대와 동떨어진 문제를 주로 다루었고, 동양 철학은 송대까지의 철학사를 정말 얕게 배웠다.

누군가 철학에서 주로 어떤 내용을 배우냐 궁금해하면 동양의 주자학과 양명학, 서양 중세의 보편자 문제나 철학적 인간학 등 배웠던 내용을 줄줄 읊지만 정작 어떤 것도 책 한 권 제대로 읽어본 적 없는 내용들이다.

질문은 어떤 걸 배우느냐는 것이었고 나는 실제로 배운 걸 이야기한 것이니 상관은 없겠지만 그럴 때마다 내가 철학에 대해 뭘 안다고 이렇게 얘기하는 걸까 하는 생각에 부끄러워지는 것이다.

철학과는 수업에서 배우는 철학자의 저서를 읽어보라고 강권하고, 아예 수업 과정의 일부로 편성하거나 일부를 읽고 요약하여 자신의 생각을 쓰라는 과제도 있다. 시험도 그런 형식으로 나오는데, 배웠던 내용을 외워서 쓰는 건 잘 해도 늘 평가에서 안 좋은 점수를 받는 것이다. 그 철학자와 사상에 대한 깊은 이해가 이루어지지 않은 탓이다.

수업 시간에 받는 글은 난해하게만 느껴진다. 수업 전에 읽어서 과제로 요약 제출해야 할 번역서들은 말이 너무 어렵고, 읽다 보면 어떤 얘기를 하고 싶은 것인지 놓칠 때가 있다.

심지어는 맥락상 나와야 할 것 같은 내용과 반대되는 의미의 글이 적혀 있을 때도 있다. 앞에서는 A를 얘기하는 데 A를 부정하는 것 같은 문장이 쓰여 있는 것이다.

천천히 여러 번 반복해서 읽으면 그게 A를 부정하는 것이 아니라 모호하게 A가 아니거나 A이지 않을 수도 있는 우연성을 부정하는 등 전체적인 맥락이 이어진다는 것은 어렴풋하게 이해가 된다.

하지만 어떤 문장이 어떤 문장을 뒷받침하거나 반박하는지 잘 모르는 상태에서 글을 잘못 이해할 수 있는 여지도 다분하기에, 글을 꼼꼼히 읽고 수업 시간에 교수님께서 해설해주시는 텍스트의 진짜 의미를 배운다.

그러면 내 생각과 일치하는 부분과 일치하지 않는 부분이 생긴다. 그럼 이해가 안 가는 부분을 교수님께 질문드리는 것이다.

이렇게 수업 시간에 배우는 글들은 읽고 이해가 안 되면 교수님께 질문을 드린다. 일반 철학서도 읽으면서 이해가 안 되면 교수님께 메일로 여쭈면 된다.

철학에 관심이 많다고 어필도 할 수 있는 기회다. 하지 않을 이유가 없건만 아직도 철학이 힘들다는 생각에 사로잡혀 있는 것 같다.

철학을 좋아하는 친구들은 모두 하나같이 철학을 재밌다고 했다. 실제로 내가 모르는 철학자들에 대해 이야기하며 즐거워하던 게 신기했다. 그리고 철학을 공부 삼아서 하지 않으니까 즐거워할 수 있는 게 아닐까 하고 조금 못된 생각을 했다.

하지만 오히려 자신이 읽고 싶은 책을 읽고 자신과 생각이 비슷한 철학자에게 동의하며 그들의 의견을 철학사에서 철학자들의 관계, 주장, 사상과 엮어서 이해하는 것을 즐기는 자세가 내가 부족했던 것이 아닐까 하는 생각이 든다.

철학에 대해서 잘 알고 싶다고 말하지만 사실은 아직도 철학을 즐겼던 적이 단 한 번도 없었던 게 아닐까?

이전에 잠시 느꼈던 즐거움은 그저 이해하지 못하던 걸 이해했다는 것에서 비롯된 즐거움일 뿐 철학 자체를 즐겁다고 느낀 것이 아니리라.

나는 좋아하는 철학자도 없고 인상깊었던 사상도 크게 없다. 학점만 잘 받으면 그만이라고 생각했지만 즐기지 못하는데 좋은 학점을 받을 때까지 공부하겠다는 건 의지만으로 쉽게 이루어질 일이 아니다.

그러니 방학 동안에도 좋고, 주말에도 좋다. 철학서를 읽기가 꺼려진다면 친한 친구에게 먼저 어떤 책이 좋았는지 물어보고 검색도 해봐야겠다.

그리고 시간이 날 때마다 스스로 철학 서적을 하나씩 골라 읽어볼 것이다. 철학을 지금보다 좀 더 좋아하게 되었으면 좋겠다.

스스로 기준 높이기

나는 단 것을 좋아한다. 그래서 돈이 생기면 단 것을 참지 않고 사 먹는다. 노는 것도 좋아한다. 그래서 해야 할 일이 끝나면 독서, 운동, 다른 공부 등 활용해서 얼마든지 생산적인 일을 할 수 있는 시간에 그냥 논다.

그렇게 살면 행복하다고 생각해서 나중에 돈을 벌 때도 이렇게 살아가는 게 꿈이었다. 하지만 이렇게 살아온 내 인생은 23년짜리 삶 같지 않았다. 내 노력으로 이뤄낸 게 없어 보였고 공허했다.

현역 수능 때는 공부가 너무 싫었다. 이전까지 열심히 해 오던 것도 아니고 띄엄띄엄 열심히 했던 순간만 존재할 뿐이었다. 그런데 그 순간들을 떠올리며 성적이 부진한 자신을 탓했고 여름방학 동안 현실에서 눈을 돌렸다. 그 결과는 예상했던 정도만 나왔다. 그 정도 노력이었고, 그래서 결과에 만족했다.

그러면 안 된다. 자신의 결과에 만족하는 것은 자신의 노력이 부끄럽지 않을 만큼 열심히 했던 사람에게만 허락되는 것이다. 중간에 놀아버리고, 현실에서 도망치고 자신의 의지로 공부하려는 생각조차 없던 사람이 그 결과에 만족한다는 건 정신적 자위다.

그냥 다시 수능을 보고싶지 않으니까 만족이라는 한 단어로 나의 게으름과 도피를 은폐하는 것이다.

하지만 당시에는 그렇게 생각하지 못했다. 그냥 수능이 끝났으니 기분이 좋았다. 바로 그때 은사님께서 다시 한번 수능을 볼 것을 권고하셨다.

본인 노력도 제대로 마주하지 못할 만큼 비겁한 사람에게 그 과정을 다시 겪으라는 것이 달가울 리 없었지만, 그래도 내가 이 대학에서 만족하면 안 되는 사람인가보다 하고 반년간 수능을 다시 준비했다.

반수 생활 후에는 연세대학교에 합격하여 다니고 있다. 이 결과도 결국 최선을 다했다고 보기 어렵다는 것을 스스로 안다. 그래서 여전히 당당하지 않는 듯하다.

밖에서는 연세대학교에 다니지만 그다지 최선을 다하진 않았다는 말이 잘난 척으로 들릴 것이라는 걸 알아서 절대 그렇게 말하지 않았다. 오히려 정말 너무 힘들어서 머리를 뜯어가며 공부했다고 말한다.

거짓말은 아니지만 반년이라는 시간 내내 그렇게 고생했던 것은 아니다. 딴짓도 많이 했고 내 감정조절을 못해서 가족과 갈등도 있었다.

결국 이 노력에도 스스로 뿌듯해하거나 만족해서는 안 되는 것이다. 단지 현역 때보다 열심히 했고 사설 강의의 도움이 컸다. 그 뿐인 노력이었다.

그래서인지 대학을 오기 위해 공부했을 때도 남에게 조언해줄 수 있을 만큼의 노하우가 쌓이거나 나만의 공부법이 있던 것이 아니었다.

어렸을 때 생각하던 연세대 학생과 지금 나의 모습 간 괴리가 크다. 스스로가 변변찮아 보이고 남보다 훨씬 뒤처진 것처럼 느껴진다.

늘 공부가 아닌 부차적인 것에 눈을 돌렸던 건 내가 공부에서 스스로 부족하다고 무의식 중에 느꼈던 것을 공부가 아닌 다른 부분에서 채우려 했기 때문이었으리라.

이렇게 20년 넘게 살아오니 결국 나에 대해서 깊이 생각해봐도 내세울 점이 없는 것 같다. 하지만 이런 부분들은 인정하고 넘어가면 그만이다. 이것이 나를 옭아매는 족쇄가 되지는 않을 것이다.

실제로 대학에 와서는 학창 시절만큼 공부하는 것이 싫지 않아 그때보다 훨씬 자발적인 자세로 공부하고 있다. 속이 빈 강정이면 그만큼 지금부터 채워 나가면 되는 것이다.

하지만 이런 나에게 가장 큰 적이 있다면 스스로에게 관대하다는 것이다. 앞서 변변찮은 노력으로 얻은 그럭저럭인 결과에 만족하고 다시 기회가 주어졌을 때도 자주 다른 것에 눈을 돌렸다고 했다.

단 것을 좋아해서 돈을 아끼지 않고 운동도 힘들어서 안 한다고도 했다. 전부 내가 나 스스로에게 관대해서 생긴 일이다.

관대하다는 말보다도 스스로를 방임한다는 말이 맞겠다. 절제해야 한다고 생각하는데도 못 하는 것은 아니다. 절제해야 한다는 생각 자체를 안 한다.

공부하다 졸리면 잠에서 깨야 하는데도 잠에서 깨고 싶지 않다고 생각해서 그대로 엎드려버린다. 그리고 이런 일이 스스로를 괴롭게 하지 않도록 머릿속에서 합리화한다. 피곤할 때는 능률이 안 좋지, 이대로 잠깐 자야겠다.

수능 때도 마찬가지였다. 나는 건너뛰듯이 공부하니까 오히려 잘 되더라. 공부하는 방법은 사람마다 다른 거니까 이렇게 해도 괜찮아. 당연한 얘기지만 그런 식이니까 어중간한 결과를 맞이한 것이다.

똑같은 대학을 갔어도 내가 그곳에서 상위권에 머무를 일은 없었을 것이다. 불성실한 결과에 만족하니까 이런 식으로 합리화하고 그걸 믿는 것이다.

이렇게 스스로에 대한 고삐가 없으니 생활에서도 여실히 드러나고, 나를 대하는 태도에도 이런 점이 반영된다. 나이가 점점 들어가는데 언제까지고 이렇게 무책임하고 철없이 행동할 수는 없다.

내 인생인데 남이 고삐를 쥐는 것도 말이 안 된다. 타인의 강제력 없이도 스스로 절제하고 멈출 줄 알아야 진짜 성인이 되었다고 말할 수 있을 것이다.

내가 스스로에게 관대한 이유는 깊이 생각해 보면 여러 가지가 복잡하게 얽혀 있겠지만 우선은 참을 만하다고 생각하는 기준이 너무 낮은 탓인 것 같다. 늘 합리화할 준비가 되어있으니, 기준보다 조금만 더 힘들어도 풀어져 버리는 것이다.

또 이전처럼 돌아가 버렸을 때 위기감을 느끼지 않는다. 벼랑

끝에 몰려있다고 생각했는데 막상 포기해 보니 딱히 떨어지는 느낌이 아닌 것이다.

한번 나에게 관대해지면 그 뒤로는 내리막길을 걷듯 저항 없이 포기하게 되는 것이다. 그 사이 포기에 이르는 역치는 점점 더 낮아졌다.

그러니 우선 자신에게 관대해지는 것에 대한 저항감을 기르는 것부터 시작해야겠다. 졸음에서 깨고 싶지 않다고 엎드리기 전에 저항하는 것이다. 딱히 이유가 없어도 괜찮을 것 같다. 그냥 '앗, 왠지 자면 안 될 것 같은데'라는 생각으로도 충분할 것이다.

내 행동에 제지가 걸리는 것만으로 자려는 의지에서 벗어나 지금 왜 자면 안 되는지 생각하게 될 것이다.

지금은 작은 것부터 실천하려고 하지만 저항감을 가져서 스스로에게 관대해지지 않는다고 하더라도 거기서 멈추면 안 된다. 내 기준이 올라갔다면 올려놓고 거기에 미치지 못하는 자신을 비교하며 괴리감에 괴로워할 것이 아니라 노력해서 어떻게든 맞춰야 성장이 이루어진다.

수능 때처럼 낮은 기준에 만족하는 것도 대학 오고 나서 성적을 받을 때처럼 만족은 못 하지만 제자리걸음인 것도 바람직하지 않다.

내 스스로 올린 기준에 닿기 위해 발버둥 치다 보면 어느새 멀게만 느껴졌던 성적이나 로스쿨 합격도 가까이 다가올 것이라 믿는다.

회피하지 않는 방법

나의 방어기제는 짙은 도피 성향이다. 그래서인지 어렸을 때부터 이상한 버릇 하나가 있다. 하기 싫은 일을 하다가 자꾸 중간에 딴짓을 하며 해야 할 일을 늘어지게 하는 것이다.

어렸을 때는 내 짐 정리가 싫어서 물건들을 정리하다가 중간에 자꾸 딴 길로 샜다. 그래서 정리를 시작하면 오전에 시작해도 전부 다 정리하는데 꼬박 하루가 걸렸다.

지금은 의식해서 딴짓 하려다가도 중간에 멈추지만 그럼에도 매번 정리하면서 이건 나중에 할 것이라고 선 긋고 미뤄버리는 자신을 발견한다.

사람마다 방어기제는 다르다. 나의 경우 회피 성향인 것뿐이다. 하지만 매번 작은 일에도 방어기제 핑계로 하던 일을 멈추고 딴짓하거나 현실을 회피하는 건 좋지 못하다.

내 성장에 있어 큰 걸림돌이 될 것이다. 실제로 글을 쓰다가도 갑자기 다른 일을 해서 흐름이 끊겨 쓰던 글을 지운 일도 한두 번이 아니다.

아무래도 집중을 못 하게 되는 것도 문제다. 하고 싶지 않은 일에 대해서는 의식적으로 차단이 된다고 해야 할 지, 오랫동안 한 가지 일을 하고 있으면 내가 좋아서 하고 있었든 싫은데 억지로 하고 있었든 점점 내가 하고 있는 것에서 멀어지는 기분이 든다.

상대와 대화할 때도 마찬가지로 대화가 늘어지면 점점 상대가 나에게서 물리적으로 멀어지고 있는 것 같은 착각이 들면서 정신이 멍해진다.

그러면 대화를 나누면서 말을 듣고 있긴 한데 머릿속으로 다른 생각이 드는 이상한 현상이 펼쳐진다. 대화하면서 머릿속에 체스 전술을 생각하는 식이다.

사실상 둘 다에 집중을 안 하는 것이라 전술은 나중에 모두 까먹고 대화 내용도 기억 못 한다. 상대와의 대화가 지루해서 그런 것도 아닌데 어느 순간 그렇게 된다.

어렸을 때는 이런 성향을 내버려뒀다. '뭐, 청소하다가 추억의 물건이 나오면 딴짓 좀 할 수 있지'하고 생각했다. 그런데 이렇게 계속 이어져 오니 곤란하다.

특히 수업이 길어지면 자꾸 의식이 다른 곳으로 새고 집중을 못 한다. 수업 내용을 머릿속에서 차단하는 게 가장 사고다. 졸음이 오면 안 자려고 노력해도 졸음에 이기기 위해 고군분투하는 동안 수업 내용은 머릿속에 들어오지 않는다.

먼저 싫어하는 것에 더 집중을 못 하니 수업을 좋아하도록 노력해야겠다. 사람은 잘하는 것을 좋아한다고 했는데, 잘하려면 싫어도 좋아질 때까지 파고들어야 한다.

잘 한다는 것은 그 내용을 잘 안다는 것인데, 수업 때 가서 생판 모르던 내용만 두 시간 내내 듣고 있으면 아무리 잠에서 깨려고 해도 이미 내 뇌가 수업을 차단한 상태라 의미가 없을 것이다.

그러니 예습과 복습을 단순히 훑어보기 식이 아니라 수업 전에 관련 텍스트를 좀 읽어봐야겠다.

가끔 교양 중에 수업 자료도 없이 그날 가서 배워야 하는 수업들도 있다. 그러니 예습 복습만으로는 예방이 안 된다. 그래서 생각한 다음 방법이 수업 중 일부러 의식을 환기하는 것이다.

아무리 2시간 내내 집중하려고 필기하면서 수업을 들어도 중간에 의식이 새는 건 어쩔 수 없다. 그러니 2차 배포를 하지 않고 내 개인적 용도로 사용하는 선에서만 수업 내용을 녹음하고 중간중간 잠시 창문을 쳐다보며 의식을 환기시키는 것이 도움이 될 수 있다.

철학 수업은 2시간 수업한다고 2시간 내내 필요한 것만 가르치고 다음 내용으로 빨리 넘어가는 수업이 아니다. 중간중간 배웠던 내용을 다시 짚기도 하고 특정 개념에 대한 일화가 같이 나오기도 한다. 그럴 때 1분 정도 창밖을 바라보며 의도적으로 수업에 집중을 하지 않는 것이다.

불성실해 보이지만 이후에 졸음을 참느라 10분 20분 날려먹는 것보다 훨씬 생산적일 것이다.

수업 시간에 조는 것이 가장 큰 문제라 이렇게 수업에 초점을 맞춰서 썼지만, 의식을 의도적으로 다른 곳에 잠깐 돌리는 것은 무의식적으로 정보를 받아들이지 않는 상황에 유용할 것 같다.

어쩌면 현실 자체에서 회피하려고 하는 성향도 의식을 명상을 통해 잠시 현실에서 돌리면 그 이후 현실을 받아들이는 데 도움이 될 지도 모르겠다. 중요한 건 회피 성향을 더 이상 받아들이려 하지 않는 것이다.

분명 어딘가에 집중을 못 하게 되거나 현실을 인식하지 않으려고 할 때는 가슴이 답답한 느낌이 동반되니 눈치채지 못하는 일은 없다. 단지 모른 척하는 것일 뿐이다.

도망치려고 하는 자신을 지금 이 자리에 붙들어 매는 훈련을 반복해서 일처리가 늘어지는 일이 이어지지 않도록 끊어내야겠다.

구화지문

훈련소에서는 다 같이 생활하기 때문에 서로 친해지기 쉽다. 자연스럽게 서로 장난도 치고 밖에서 친구 대하듯 서로를 대하게 된다. 그러면 비속어나 험한 말도 오고 간다.

기본적으로 훈련소에서는 안 좋은 말들이 모두 금지되기 때문에 대대장님께서 모두를 불러서 다목적실에서 훈계하신 적이 있다. 동기끼리 친해진 것은 보기 좋으나 험한 말로 서로 기분 상하게 하는 일이 없어야 한다고 타이르시면서 시구 하나를 소개해 주셨다.

口是禍之門(구시화지문)
舌是斬身刀 (설시참신도)

閉口深藏舌(폐구심장설)
安身處處牢(안신처처뢰)

입은 재앙을 부르는 문이요
혀는 몸을 베는 칼이니
입을 닫고 혀를 깊이 감추면
가는 곳마다 몸이 편안할 것이다.

이 시구는 연산군이 나무 패에 적어 신하들 목에 걸고 다니게 했던 것으로, 이 패를 신언패라고 한다. 연산군은 신하들이 함부로 말을 꺼내지 못하도록 협박하는 의미에서 신언패를 걸고 다니게 한 것이다.

나는 대대장님께서 서로 비속어 쓰다가 걸리면 알아서 하라는 의미로 이 시구를 고르셨다는 생각에 오싹했는데 알고 보니 유래가 따로 있었다.

친구하고 다목적실을 나오며 요즘 해이해졌다고 혼나는 줄 알았는데 다행이라며 웃으면서 나왔지만, 사실 서로 비속어를 쓰는 것은 좋은 일은 아니다.

현대 사회에서 친한 사이라도 비속어를 쓰면 안 된다고 말하기에는 서로 너무나 당연하게 쓴다. 오히려 친절하게 말하면 거리를 둔다고 생각할 정도로 우리 일상에서 친근함의 표시처럼 쓰인다. 하지만 비속어는 단순히 친근함의 표시를 넘어 상대에게 불쾌함을 줄 때도 분명히 있다.

비단 나쁜 말에만 한정되는 얘기는 아니다. 비아냥거리는 말, 상대의 실수를 꼬집어 놀리는 말, “네가 그러면 그렇지. 기대도 안 했어.”라는 말처럼, 사람에 따라 기분 나쁠 수 있는 말이 천차만별이다. 상대와 좋은 관계를 지속하고 싶다면 자신의 언행을 삼가는 것이 옳다. 이 시구는 그런 의미를 함축하고 있다.

나도 친구들과 대화할 때는 서로 놀리는 말이나 상처를 줄 지도 모르는 말을 툭툭 뱉는다. 당연히 진담인 말은 하나도 없고, 상대가 “우씨, 맞을래?”하고 반응하면 서로 낄낄 웃고 마는 그런 것들이다.

하지만 실제로 내가 아무 생각 없이 맥락에 맞춰 내뱉었던 말들이 상대에게 상처를 줬을지도 모르는 일이다. 친구 사이고 분위기를 싸하게 만들고 싶지 않아 웃어넘겼다 해도 내가 그걸 알 수 있는 방법은 없다.

나는 친구의 말에 기분이 나빠도 그냥 웃어넘기는 편이다. 하지만 늘 그렇게 하진 못하고 속으로 쌓는다. 그러다 한 번 평상시와 같은, 어쩌면 완전히 놀릴 때보다 가벼운 말 한마디에 갑자기 터진다.

그 친구는 갑자기 내가 화를 내서 당황한다. 이렇게 터질 거면 평상시에 제대로 의견을 피력하거나 끝까지 내색하지 않아야 하는데 내가 서투른 점이라고 생각한다.

친구들에게 화내서 서먹해지고 싶지 않고 개선해야 할 부분이지만 마음처럼 잘 안된다. 말이란 것은 그런 것이다. 한 마디 한 마디에 일일이 상처받고 따지기에는 너무 가볍지만 듣는 사람으로 하여금 확실하게 기분 나쁘게 할 수 있는 것이다.

내가 친구들에게 언행을 그렇게 하면서 말로 상처받았다고 누군가에게 화낼 자격은 없는 것 같다. 그래서 친구들을 탓하는 대신 평소 내 언어 습관부터 돌아보려 한다. 누군가의 역린을 농담 소재로 삼았던 적은 없는지, 내 말투 자체가 삐딱하지는 않은지 말이다.

솔직히 생각나는 친구들이 몇몇 있다. 실제로 상처를 입혔는지와 관계없이 미안한 생각이 든다. 그리고 반대로 친구들이 무심코 던진 말에 내가 너무 방어적인 태도로 쏘아붙이듯이 말한 적은 없는지도 되돌아보면 또 다른 친구들이 생각난다.

나라는 사람 자체가 서로 덕담만 하는 사이보다 놀리고 장난치는 사이를 좋아하면서 작은 말 한마디에 너무 화를 냈던 건 아닌가 반성하게 된다.

선을 넘는 발언이나 나의 민감한 부분을 건드리는 말들은 상처가 된다고 확실하게 말하고 평소에는 서로 기분 나쁘지 않은 선에서 장난치며 건강한 관계를 만들어 가야겠다.

한쪽이 참는다고 해결되는 문제가 아니어서 더더욱 확실하게 표현하는 것이 필요한 것 같다.

그리고 친구 관계뿐만 아니라 공식 석상에서도 조심해야 한다. 최근에는 말 한마디로 공식 석상에서 그 사람의 인품이 드러나는 경우가 허다하다.

책을 쓴 이후로 특히 신경쓰고 있는 부분이 공개적인 자리에서 나의 언행이다. 아무리 친구와 함께 있다고 하더라도 내가 그 책에 부끄러운 사람인 건 아닌지 늘 돌아보게 되는 것이다.

누군가 나를 알아볼까봐 그러는 것이 아니다. 철학을 배우며 자기 반성을 담은 책을 낸 사람이 언행 하나조차 조심하지 않는 것만큼 우스운 일이 없기 때문이다.

때로는 그조차도 제대로 못하고 있다는 생각이 든다. 늘 나의 언행을 조심하고 이전에 친구들과 실없는 대화를 나누며 생각없이 말했다면, 이제는 친구 사이에서도 나의 언행을 조심하고 늘 누가 듣고 있는 것처럼 삼가는 태도를 지녀야겠다.

내 선택에 대한 책임

나는 어렸을 때부터 거짓말을 잘 못했다. 이상하게 거짓말을 하면 얼굴에 드러나고 마음이 너무 불안해서 가만히 있질 못했다.

지금까지도 그렇다. 훈련소에서 야외 훈련을 나갈 때 날씨가 너무 추우니까 각 후보생에게 여분 양말을 한 켤레 더 가져가게 한다. 그런데 내가 그걸 다른 생각을 하고 있었는지 못 들은 것이다.

야외 훈련을 나가서 점심을 먹고 대기하고 있는데 중대장님께서 각자 양말이 젖었을 텐데 놔두면 추운 날씨에 동상 걸릴 수 있으니 양말을 갈아 신으라고 지시하셨다. 나를 제외한 모든 친구들이 양말을 갈아 신고 있었다.

나는 옆자리 친구에게 양말 갖고 오라고 하셨냐고 물어봤고, 친구는 당연하다는 듯이 못 들었냐고 내게 반문했다.

훈련소에서는 챙겨오라고 했던 준비물을 가져오지 않으면 당연하게도 크게 혼난다. 그냥 사실대로 말하고 혼난 뒤 다음부터 실수하지 않으면 되는 문제인데, 내가 유독 혼나는 것을 무서워하는 경향이 있다. 실제로 혼날 것보다도 훨씬 크게 부풀려 생각한다.

그때도 다른 친구들은 다 갈아 신는데 나만 우두커니 앉아 있자니 너무 불안해서 결국 말씀도 못 드리고 양말을 벗어서 갠 다음 배낭에서 새 양말을 꺼내 신는 척했다. 다행히 맨 뒷자리인 데다 일정도 바빠서 안 들켰지만 정말 조마조마했다.

이 외에도 훈련소에서 사실대로 말하기 참 어려운 경우가 많았고 혼나지 않기 위해 치는 사소한 거짓말들이 있었다. 그때마다 사고가 느려져서 사람이 어벙해지곤 하는 것이다.

한 번은 저녁 점호를 하는데 깜빡하고 임무 구역에 아무도 가 있지 않았다. 내가 급히 가려고 모자를 챙겼는데 이미 점호는 시작한 분위기인 것이다. 점호 시에는 미동도 있으면 안되기에 나가야 하나 말아야 하나 순간 고민이 됐다.

안 나가도 혼나고, 나가도 혼난다. 그럼 그냥 융통성 있게 빨리 지나가거나, 못 하겠으면 얼른 들어와서 다른 친구에게 부탁해야 할 일이다. 그런데 그 앞에서 거의 3분 정도를 망설이고 서 있었다. 혼나지 않으려는데 혼나지 않는 선택지가 없어서 뇌에 과부하가 온 것이다.

사회생활에 약간의 거짓말은 필요하다. 융통성으로 고려되는 부분이다. 스스로 생각하기에 나는 이 부분이 좀 부족하다는 생각이 든다.

그 외에도 약간의 거짓말이 필요한 경우들이 있었는데, 그럴 때마다 나름의 용기와 마음의 준비가 필요했다. 주변 사람들이 보기에는 답답했을 수도 있겠다.

그럼 지금부터 거짓말하는 연습을 해야 할까? 그건 아니다. 연습할 방법도 마땅히 없고 오히려 거짓말하는 습관이 들어버려도 곤란하다.

거짓말할 상황을 만들지 않는 것이 최선이겠지만 그것이 불가능하다면 적어도 이후 결과에 대한 책임질 준비가 되어 있어야 한다.

내가 거짓말을 잘 못 하는 이유는 그 거짓말이 들켰을 때의 결과에 대해 책임질 준비가 되어 있지 않기 때문이라고 생각한다.

따라서 내가 솔직하게 말했을 때 오히려 내가 속한 조직에 피해가 오는 상황이라면 먼저 사실을 숨기고 이후 어떻게 대처할 것인지 여러 상황을 가정하여 내가 책임을 질 수 있는 길을 택해야 한다.

내가 점호 때 겪었던 일의 경우 얼른 정해야 하지만 어느 쪽을 골라도 비슷한 결과였다. 그런 경우에는 나가기로 했으면 최대한 빨리 나가고 그 뒤에 벌어질 일을 주체적으로 책임지는 것이다. 점호 시간에 움직였다고 혼내면 혼나면 되는 것이다.

•

정직한 것과 거짓말을 못 하는 건 엄연히 다르다. 전자는 거짓말을 할 수 있었음에도 손해를 감수하고 사실을 밝히는 것이고, 후자는 손해를 감수할 준비도 거짓말로 상황을 넘어갈 준비도 되어있지 않아 이도 저도 아닌 상태이다.

평소에 거짓말을 하는 습관이 따로 없더라도 소대장으로서 내 선택에 책임을 지고자 하는 각오만 충분하다면 거짓말을 못해서 우물쭈물하는 일은 없지 않을까?

언제나 바른 선택만 하기는 어렵다. 그러니 리더로서 내 선택을 밀고 나아갈 줄 아는 용기와 신념을 갖춰야 비로소 부대원들에게서 인정받을 수 있을 것이다.

변화에 대비하기

부모님 세대에서 현재의 세대로 시간이 흐르면서 많은 것들이 바뀌었다. 내가 자라면서 많이 들었던 말 중 하나가 영어를 열심히 해두어야 한다는 것이었다.

영어를 잘하면 인센티브가 있다는 말을 들으며 자랐다. 지금도 유효한 말이며 오히려 당연히 잘해야 하는 세상이다.

하지만 영어만 잘하면 되는 것처럼 이야기하던 예전에 비해 내가 학교에 다닐 때는 중국이 점점 영향력을 키우고 있으므로 중국어를 잘하면 좋을 것이라고 했다.

지금은 아랍에서 새롭게 가치를 발견하고 아랍어를 배워두면 유리할 것이라는 이야기도 들려온다.

고등학교 때는 코딩을 잘 해두면 취업은 보장받는 것처럼 말하는 사람들이 꽤 있었다. 정확히는 다른 능력들도 갖춰야겠지만 코딩이 커다란 스펙이 될 것이라는 이야기였다.

그러나 내가 스무 살이 되던 해 ChatGPT가 세상에 처음 나왔다.

불과 3년이 지난 지금 어떤 프로그램이 필요하면 ChatGPT에 질문하면 소스 코드를 전부 생성한다. 이제 어느 정도 코딩을 잘하는 수준으로는 어림도 없다.

내가 취업시장에 뛰어든 상태가 아니라면 현재 어떤 것이 유리하다는 정보는 그다지 의미가 없다. 지금 세상은 너무 빨리 변하고 있고, 이미 유명한 것을 내가 하려고 할 때쯤이면 그것은 당연한 조건이 되어있다.

지금 세상에 유명한 것을 따라갈 것이 아니라 내 길을 개척하거나 변화의 최전선에서 맥락을 읽고 그것에 맞춰서 공부해야 한다.

한 번은 재미있는 장난이라는 글을 유튜브에서 쇼츠 형식으로 본 적이 있다. 어디 글이었는지는 기억이 안 나지만 학생들을 10년 동안 공부시켜놓고 AI로 대체하는 재미있는 장난이라는 내용이었다.

안타깝지만 사실이다. 지금 유력한 산업이라고 유명한 학과에 들어갔는데 졸업할 때는 인기 없는 학과가 되는 경우도 있다. 아마 그 수가 꽤 많을 것으로 생각한다.

한창 코로나가 유행했을 때 나는 바이러스나 세균을 연구하고 신약을 개발하는 R&D 부서의 연구원이 되고 싶었다.

당시 코로나로 전 세계가 고통받고 있을 때 RNA 바이러스 특성상 영구적인 백신 개발이 어렵고 마땅한 치료제도 없다는 얘기가 구미가 당겼다.

하지만 지금은 코로나포비아도 수그러들었고 나는 전혀 관계도 없는 철학과에 재학 중이다. 지금은 생명과학이나 의학 쪽으로 나갈 생각이 전혀 없다.

물론 의생명 쪽이 취업에 장점이 없어졌거나 그 가치가 떨어져서 그런 것은 아니다. 오히려 의생명 분야는 지금도 매우 유력하지만, 시대에 따라 잠깐 정해졌던 꿈은 쉽게 바뀐다는 이야기를 하려고 한 것이다.

새로운 분야로 뛰어들어 변화를 주도하거나 변화에 발맞추어 가는 것이 중요하다. 다만 이를 어떻게 하냐는 것이다.

연세대학교 캠퍼스 안에서 중학생들에게 가볍게 인터뷰를 받은 적이 있다. 수업을 들으러 올라가는 길이었는데 뒤에서

조잘조잘 대화 소리가 들리더니 나에게 잠깐 시간 괜찮겠냐고 말을 거는 것이다. 이런저런 질문을 했는데 솔직히 기억이 잘 안 난다.

다만 마지막 질문만큼은 기억한다. 현재 AI가 발달한 사회인데 중학생이 이런 AI 사회에 발맞춰 가기 위해 어떤 공부를 해야 하냐는 것이었다. 나는 이렇게 답변했다.

"지금이야 AI가 매우 발달한 사회지만 제가 중학생 때는 3D 프린터가 최신 산업이었습니다. 지금 중학생에게는 AI가 최신 기술이지만 친구들 세대가 대학생이 될 때면 AI 기술은 당연한 것이 될 거예요.

지금보다도 빠르게 변화하는 사회가 될 텐데, AI에 대해 잘 알기 위해 공부하는 것보다 중요한 건 빠른 변화에 적응하고 주어진 공부에 금방 익숙해지는 훈련입니다.

중학교에서 고등학교 때 하는 공부는 사회와 너무 동떨어진 교육이라고 생각하겠지만 어렵고 딱딱한 내용을 받아들이고 체화하는 연습을 하는 거에요."

당시에는 AI에 대해 잘 몰랐기 때문에 스스로 어떻게든 둘러댄 대답이라고 여겼지만, 정확한 이야기를 했던 것 같다. 그리고 나 자신에게 해줘야 할 말이기도 했다.

대학에서 우스갯소리로 철학과는 졸업하면 로스쿨 아니면 대학원밖에 취업할 곳이 없다고 말한다. 하지만 실제로는 지금 어떤 학과에 다니고 있는지가 미래의 진로와 직접적으로 연결되는 경우는 흔하지 않다.

당장 철학과인 나도 법학 전문 대학원에 가서 변호사를 진로로 삼고 있다. 이 꿈은 바뀔 수도 있고, 로스쿨을 나와서 변호사가 되리라는 보장도 없다.

오히려 그래서 철학과에 온 것이 좋았다는 생각도 한다. 빠르게 변화하는 세상에서 하나에 대해 집중적으로 배우는 다른 학과들보다 인간 사고의 본원에 가까운 학문을 배움으로써 사고력을 늘리는 훈련을 하고 있기 때문이다.

지금 철학과에 다니면서 내가 신경 써야 할 부분은 학점도 물론 중요하지만 주어지는 글에 금방 적응하고 이해하여 빠르게 내 것으로 만드는 훈련일 것이다.

미국의 국립과학재단에서는 지구온난화나 다학제적인 접근 방식을 넘어 초학제적 연구로 나아갈 것을 촉구하고 있다. 더 이상 학문의 경계가 의미가 없다는 것이다.

철학은 얼마든지 AI 윤리를 연구하면서 새로운 방향으로 나아가 이전 철학의 성격만으로 설명할 수 없는 어떤 학문이 되어야 한다. 다른 학과도 마찬가지이다.

이를 위해서는 기존 학문을 잘 알고 있는 것만으로는 부족하다. 연결점을 찾고 새로운 방향으로 이끌어 갈 수 있는 심도 있는 이해와 적응력, 창의력이 모두 뒷받침되어야 한다.

내가 배우는 철학이 어디에서든 적용될 수 있다는 마음가짐으로 늘 다른 것과 연결하는 훈련을 병행하며 배워나가야겠다. 중학생 친구들에게 잘난 듯이 설명해놓고 내가 못 하면 안 되니 말이다.

집중력 회복

아무리 집중하려고 해도 집중이 잘 안될 때가 있다. 해야 할 일이 많아서 집중이 힘들다면 지금 해야 하는 일에만 집중할 수 있도록 방법을 취하고, 오랫동안 집중해서 생긴 문제라면 잠시 휴식의 시간을 보내면 된다.

하지만 정말 말 그대로 컨디션 문제인지 집중 자체가 안될 때가 있는 것이다. 정신이 산만하고 주의가 자꾸 딴 곳으로 간다. 머릿속에 안개가 끼어 있는 기분이고 억지로 붙잡고 앉아 있어도 딱히 성과가 없다.

평소에는 집중이 안 되면 적당히 휴식을 취했는데, 이런 경우는 휴식을 취한다고 해결될 문제가 아닌 것 같다. 이럴 때는 어떻게 해야 할까?

보통 이럴 때는 몸이 늘어진다. 정신이 맑지 않은데 몸의 움직임이 명료할 리 없다. 그래서 나는 몸을 닦아서 정신을 맑게 하려고 한다. 따뜻한 물로 샤워하고 나면 약간 졸음이 오는데 이를 방지하기 위해 끝에 조금 차갑게 샤워를 한다.

식단 문제일 가능성도 있다. 너무 순간적으로 단 것을 많이 먹으면 혈당이 치솟아 피가 끈적해지고 순환이 잘 안돼서 뇌에 산소가 부족한 것이다. 그럴 때는 뇌를 씻어낸다는 생각으로 물을 조금씩 자주 마신다.

어렸을 때는 집중이 나의 강점이라는 얘기를 많이 들었다. 한번 집중하기 시작하면 시간 가는 줄 모르고 몰입한다는 것이었다. 하지만 대학에 오면서 점점 집중하려고 해도 집중이 잘 안되는 것을 경험하기 시작했다.

이전에는 집중이 안 되면 그냥 나중으로 미뤄버렸는데 대학에 오니 그렇게 하기에는 기한이 촉박하거나 해야 할 일이 너무 많았다.

이렇게 바쁠 때 집중이 너무 안되길래 처음에는 번아웃이 왔다고 생각했다. 번아웃이 오기에는 그렇게 힘들게 무언가를 했던 기억은 없어서 스스로 나약하다고 생각했다.

하지만 집중이 안 되는 때도 있는 것이다. 그럴 때 시간이 없다고, 해야 할 일이 많다고 무작정 붙잡고 있거나 나중으로 미루고 다른 일부터 하려고 하면 효율이 높지 않았다. 머리를 두들겨가며 했지만 지금 생각해 보니 바보 같은 행동이었다.

그 뒤로 다양한 것들을 시도했다. 자리 정리도 해보고 잠깐 휴식도 취해 봤다. 간식도 먹었지만 전부 역효과였다. 당시 AI를 사용하던 시기도 아니었기에 시행착오를 겪어가면서 나만의 방법을 찾아냈다.

훈련소에서도 비슷한 일이 많았다. 다만 샤워를 할 수 있는 시간도 제한적이고 계속 무언가를 해야 하니 할 수 있는 방법은 많지 않았다.

특히 사격을 할 때였다. 사격 훈련 때는 날씨가 워낙 춥고 총소리가 커서 졸렸던 것도 아닌데 이상하게 머리가 멍했다. 맨 처음에는 표적이 잘 보여서 표적이 올라오는 것을 보고 쏴서 잘 맞췄다.

표적을 쏘면 총알에 맞고 넘어가는 것까지 보였는데, 어느 순간부터 의식이 풀어져서 표적이 아예 안 보이기 시작했다.

사격에 집중을 못하고 오만가지 생각이 들었다. 몸에 힘이 들어가서 오히려 총을 쏠 때 조준이 엇나가는 일이 발생했고, 표적도 안 보여서 아예 표적이 올라온 시간 동안 격발하지 않기도 했다.

그때 천천히 숨을 들이마시고 눈을 감았다 뜨니까 어디에 표적이 올라왔었는지 어느 정도 떠오르는 것 같아 그 뒤로는 감으로 사격을 진행했다. 아슬아슬하게 합격점에 도달하고 나서 평소 집중력을 회복시키는 방법이 너무 제한적이라고 느꼈다.

그래서 훈련소에서 돌아오고 난 뒤에도 어떻게 하면 집중력이 무너졌을 때 다시 회복시킬 수 있을까 다양한 방법을 찾아보고 있다. 인터넷에는 다양한 방법이 나와있지만 결국 자신만의 방법이 가장 효과적인 것 같다.

이 책을 읽고 있는 당신은 집중력이 무너졌을 때 당신만의 회복 방법이나 루틴이 있는가?

첫인상과 선입견

사람은 첫인상이 중요하다는 얘기도 많지만 오래 보다 보면 첫인상이 깔끔하고 완벽했던 친구는 점점 인간다운 면이 보이기도 하고, 첫인상이 별로였던 친구에게서는 좋은 점을 찾게 되기도 한다.

나는 사람을 첫인상이 그 사람의 전부인 것처럼 생각하는 경향이 있는 것 같다. 첫인상이 좋았던 친구는 안 좋은 점을 발견하게 되어도 그것에 대해 얘기하거나 그 친구를 멀리하는 게 쉽지 않고, 첫인상이 별로였던 친구에게는 쌀쌀맞게 대하다가도 점점 좋은 점을 발견하게 되면 미안함을 느끼고 스스로 부끄럽게 여긴다.

사람에게만 그런 것이 아니다. 무엇이든 처음 시작할 때 첫인상이란 것이 있다. 예를 들어, 지금 로스쿨 공부를 시작하려는 나에게 로스쿨은 아득히 먼 무언가처럼 느껴지고 로스쿨에 다니는 나 자신이 상상이 잘되지 않아 조금 무섭기까지 하다.

이런 첫인상에 지레 겁을 먹고 미루려고 하거나 혹은 반대로 쉬운 일이라고 생각해서 가벼운 마음으로 시작했다가 쉽지 않은 일이라는 걸 깨닫고 진땀을 빼기도 한다.

이렇게 사람과의 관계든 어떤 일을 시작할 때든 첫인상으로 전체를 평가하려 하는 건 실패할 확률이 훨씬 높다.

첫인상이라는 것은 결국 내가 상대를 어떻게 바라보고 받아들이는 지와 관련된 문제다. 내 마음먹기에 따라 달라지는 것이다.

내가 좋은 상대라고 생각하면 좋은 상대로 다가오는 것이고, 할 수 있는 일이라고 생각하면 할 수 있는 일로 다가오는 것이다.

코끼리가 어렸을 때는 쇠사슬에 묶여서 아무리 발버둥쳐도 발목만 다치고 벗어날 수가 없자 체념했다는 얘기는 누구나 알 것이다.

그 코끼리는 성장이 끝나고 이제 쇠사슬도 부술 수 있었음에도 얇은 밧줄이 매여있는 것조차 탈출하지 못했다. 그것이 어렸을 때처럼 절대 끊어지지 않을 것이라 생각하기 때문이다.

내가 지금 하는 공부도 마찬가지일 것이다. 처음 해 본 공부가 너무 어렵고 내게 맞지 않는 것 같다고 공부하는 내내 그럴 것이라고 생각하면 그 공부가 끔찍하고 고통스럽다. 하지만 사람은 반복해서 하다 보면 조금씩 적응하게 되는 법이다.

친구를 만남에 있어서는 좋은 친구를 첫인상만 판단하고 친해지지 못할 뻔한 적도 있었다. 교양 수업에서 만난 친구였는데 그냥 송도에서 밥 한두 번 같이 먹고 가끔 당구 같이 치는 정도였다. 해당 학기가 끝나고 더 이상 만날 일이 없을 줄 알았는데, 정말 우연히 연락이 닿았다.

송도에서 친구들과 가볍게 약속을 다녀왔는데 이 친구가 인스타그램에서 자기하고도 밥을 먹자고 하는 것이다. 가끔 당구도 치고 했었으니 먹겠다고 했다.

그런데 이야기하다 보니 서로 취미생활이나 음악 취향이나 맞는 부분이 많은 것이다. 이런 친구가 한 학기 내내 나와 같은 수업을 들었다니, 그 시간이 아까웠다.

고등학교 때 친구의 이야기다. 첫인상은 말도 잘 걸어주고 좋은 친구였다고 생각했지만 어느샌가 나에게 불편한 존재가 되어 있었다.

주변의 평판도 안 좋았지만 내가 하지 말아달라고 부탁한 것을 이해하지 못했다. 마치 내가 너무 예민한 것처럼 말하며 자신의 행동을 멈추지 않기에 오래 고민하다 결국 멀어졌다.

이렇듯 첫인상만으로 사람이나 해야 할 공부, 기업, 음악 등 다양한 것에 대해 첫인상은 만난 당시에 서로를 파악하는 것 이상의 의미는 없다. 오히려 상대에 대해 오인하게 만드는 요인이기도 하다.

그렇다고 스스로의 첫인상을 신경 쓰지 않아도 된다는 얘기는 아니다. 분명 음악 취향도 맞고 공통된 주제로 이야기할 게 많은 친구였지만 오로지 공부에 집중할 것 같은 첫인상에 쉽사리 말을 걸지 못했던 그때를 떠올리면 친해지지 못할 뻔했다는 생각에 다행이라는 생각도 한다.

그만큼 사람을 봤을 때 첫인상에 따라 더 친해질지 자연스레 멀어질지 결정될 수 있기 때문에, 나는 사람이나 일을 대할 때 첫인상이 전부인 것처럼 생각하면 안 되면서도 나의 첫인상은 최대한 좋게 심어줄 수 있도록 노력해야 한다.

그리고 내 첫인상을 상대가 좋게 기억해줬다면 그 첫인상에 실망하는 일이 없도록 나의 내면에도 깊이를 더해야 할 것이다.

첫인상만으로 그 사람을 평가해버리는 것은 반성해야 할 부분이다. 특히 훈련소에서 주변 소문만 듣고 누군가를 안 좋게 생각했다가 부끄러웠던 기억도 있어 특히 선입견을 가지지 않도록 주의해야겠다고 생각했다.

내가 인식한 상대의 첫인상이 상대를 평가해버리는 요소가 아니라 상대를 더 알아가게 되는 계기가 되도록 나의 마음가짐을 바꿔 나갈 것이다.

지름길은 없다

훈련소에서 특별 강연이 열렸을 때 강사로 오셨던 분은 군 내에서 위치가 높으신 분이었다. 그래서 혼자 강압적이고 날카롭고 무뚝뚝한 이미지를 생각하며 어떤 분이 오실까 내심 조마조마했다.

그런데 강연하러 와 주신 분이 입장하실 때 일어나서 박수 치며 그분을 봤는데 내가 생각한 이미지와 정반대의 푸근한 분이 들어오셨다.

그분이 위엄이 없어 보이거나 자리에 걸맞지 않은 인물이라는 생각이 들 만한 분은 아니었다. 그분의 푸근한 미소는 무른 사람에게서 나오는 물렁한 것이 아니라 같은 ROTC 출신으로서 우리를 자랑스러운 후배로 생각하는 그런 따뜻한 것이었다.

하지만 동시에 위압적이고 강한 미소가 아니라 소박한 것이기도 했다.

그 분께 강연을 받는 시간은 내가 장교로서의 군 생활을 선택한 이유를 되돌아보게 하는 시간이었다.

특히 편법으로 빨리 가는 것처럼 보이는 사람은 끝까지 가지 못한다는 말씀을 해주셨던 것이 특히 기억에 남는다. 마치 지름길로 가는 것처럼 보이는 사람이 있다.

부당한 일이더라도 쉬쉬할 만한 일이면 본인의 이득을 최대한 챙기고 남들보다 더 눈에 띄는 일만 골라서 하며 힘들 때는 요령껏 쉬는 사람들이다.

이런 사람들은 나쁜 사람들인가? 나는 그렇게 생각하지 않았다. 남들에게 피해를 주지 않고 본인의 적정선을 지켜서 이렇게 하는 사람들은 나쁜 게 아니라 눈치껏 자신의 몫을 챙기고 요령 좋게 일할 줄 알았던 것뿐이라고 생각했다.

하지만 더 중요한 건 그 사람들이 나쁜 사람들인지 좋은 사람들인지가 아니었다. 정말 중요한 것은 그런 사람들이 끝까지 남아 더 큰 성공을 이뤄냈나 하는 것이었다.

어렸을 때 어떤 일에 두각을 보였던 천재적인 사람보다 하나를 우직하게 파고들 줄 알았던 사람이 더 크게 성공한다는 얘기가 있다.

천재적인 사람은 천재적인 머리로 적당히 노력해서 적당한 일자리에 만족한다는 것이다. 머리가 좋으면 자신의 재능으로 더 높은 곳을 바라보기보다 편하게 적당한 일을 하며 사는 것을 더 선호하게 된다.

같은 학교나 학년에서도 훨씬 먼 곳을 바라보는 친구들이 있다. 그런 친구들 중 한 명을 교양 수업에서 만나서 같이 밥도 먹고 철학 얘기도 했던 적이 있다. 평범하게 다른 친구들처럼 노는 것도 좋아하고 수다 떠는 것도 좋아하는 친구였다.

하지만 그 친구가 자신의 일에 임하는 태도는 사뭇 달랐다. 자신이 연세대학교에 오기까지의 과정과 공부 노하우를 담아 수험서 같은 책을 출판했다. 해야 할 일을 게임의 퀘스트처럼 만들어 그날 할 일을 끝내고 체크하면 게임 내 재화가 되는 그런 시스템의 프로그램을 직접 만들기도 했다. 몇만 줄의 코딩을 작성하는 등 스스로 하고자 하는 일을 찾아 적극적으로 임하는 그런 친구였다.

최근에는 그 친구와 거의 연락하지 못하고 인스타그램에서 소식만 종종 들으며 대단하다고 생각했다. 그 친구는 아직 자신의 분야에서 최고가 되었다고 보기는 조금 어렵지만 충분히 끝까지 갈 자질이 있는 친구처럼 보인다. 요령을 피우는 것 같지 않고 자신의 일을 묵묵히 수행한다.

다만 아직 나도 안목이나 미래를 내다보는 능력이 부족하여 그 친구가 정말 끝까지 자신의 노력을 우직하게 밀어붙이는 친구일지, 아니면 재능이 좋고 적극적인 성격이었기에 그렇게 이뤄낼 수 있었을 뿐인지는 판단할 수 없다. 전자라고 짐작하고 있을 뿐이다.

강연을 들을 때 이 친구가 문득 생각났던 이유는 강연하러 와주신 분도 내 친구도 모두 겉으로 보기에 소박하고 담담해 보였기 때문이다.

강연자는 자신의 젊었을 적 사진도 보여주고 훈련할 때 찍었던 사진이나 동료와 함께 웃는 사진을 보여주시는 등 대단한 업적을 이뤄냈을 때의 장면보다 꿋꿋하게 동료와 웃으며 훈련받고 자신의 위치에서 할 일을 다 하던 장면들을 위주로 보여주셨다.

그런 사진들을 보고 있으니 위대했던 시간보다 오히려 이렇게 묵묵히 할 일을 했던 시간들이 쌓이고 쌓여 지금의 자리에 오를 수 있었다고 말씀하시는 것 같았다.

군에서만 해당되는 얘기가 아니다. 자신이 해야 할 일을 찾아 마땅히 했던 사람들이 결국은 성공하는 법인 것 같다. 공자는 자신을 일컬어 그저 옛 것에서 배우고 현재에 적용하기를 좋아하는 사람이라고 하셨다.

그 말씀은 자신을 소박하게 표현하면서도 얼마나 오랜 기간 동안 배우고 실천하는 삶을 살아오셨을지 조금이나마 짐작할 수 있게 하는 말이 아닐까?

나는 내 부족한 점을 부차적인 겉치레에서 찾으려고 했다. 그리고 내가 정진해야 할 공부에 대해서는 연사님께서 말씀하신 편법을 쓰는 사람의 모습이었다고 생각한다. 편법을 쓰면 결국 늘 제자리 걸음일 뿐이다. 이렇게 내면이 부실할수록 겉치레에 신경 쓰는 법이다.

오히려 소탈하고 담박한 연사님의 모습이 위압적이고 날카로운 모습보다 훨씬 멋있었다. 더 이상 편법이 통하지 않는 시험에서 고통받다가 떨어져 나가는 것보다 지금부터 꾸준한 길로 묵묵히 걸어가야겠다.

그리고 부가적으로 잘하고자 연습했던 것들은, 내면이 풍성해지면 겉에 추가해도 좋은 것들일 것이다. 겉을 치장하여 내세우지 말고 소박한 모습이 멋진 그런 사람이 되어야겠다.

Dongwon
KEC
4312

나만 아니면 된다는 생각

훈련소에서 훈련받고 생활하다 보면 군대는 단체 생활임을 알고 있음에도 가끔 나만 잘하려는 이기주의적인 생각이 들 때가 있다.

나도 분명 실수할 때가 있고 느릴 때가 있을 것이다. 그런데 같은 분대의 친구가 조금 느려서 집합 시간에 늦을 것 같으면 조바심에 나 혼자 먼저 뛰어나간다. 집합은 한 명이라도 누락되면 안 되기 때문에 모두가 올 때까지 기다려야 하는데도 그렇다.

이런 이기적인 행동은 무의식적으로 늦게 나오지 말라고 눈치를 주는 행동일 수도 있겠다는 생각이 든다. 하지만 이런 행동은 도움이 됐던 적이 없다.

단체 생활이라고는 하지만 사실 각자가 각자 할 일 알아서 잘 하면 잘 굴러간다. 문제는 한두 명이 일처리가 깔끔하지 않을 때다. 청소를 하면 놓치는 게 있고 바쁜 준비 시간에는 늦기도 한다.

그럼 그걸 가만히 지켜보고 있거나 빨리 나오라고 재촉할 것이 아니라 그 친구가 무엇 때문에 늦어지고 있는지를 빠르게 파악하여 도와주고 같이 서둘러 나가는 것이 제대로 된 단체 생활이다.

한 번은 같은 분대 친구 한 명이 나오다가 잊어버리고 안 갖고 나온 물품이 있어 다시 생활관으로 뛰어갔다. 내가 마음이 급해서 얼마 안 걸릴 것 같으니 먼저 가 있자고 말했는데 어차피 한 명만 늦어도 혼나니 다 같이 가는 게 낫다는 대답이 돌아왔다.

그래서 기다리는 동안 잠깐 생각했다. 단체 생활인데 아직도 개인적으로 움직이려고 하는 구나. 나만 늦지 않으면 된다는 마인드가 아직 사라지지 않은 것이다.

강당에 모일 때 집합하는 동안 강당 안이 소란스러워서 교관님께서 정숙하라고 하셨다. 그런데 정숙이라고 따라 외치고 나서 바로 조금씩 떠드는 소리가 새어나오기 시작했고 금방 원상태로 돌아가서 혼난 적이 있었다.

그때 옆자리 친구에게 정숙이라고 따라 말해놓고 바로 떠드는 건 좀 아니지 않느냐고 말했다. 친구도 동의했다. 대대 정도 되는 집단에서는 누가 떠들었고 누가 장난치고 있는지 분간이 잘 안되기 때문에 혼날 때는 다 같이 혼난다.

그래서 혼날 때는 억울한 마음도 들고 내가 잘못한 게 아니라고 생각하여 다른 친구를 탓하는 마음이 든다.

하지만 이 역시도 나만 아니면 된다는 생각이 자리 잡고 있다. 대학에서 팀 프로젝트 수업을 진행할 때도 마찬가지로 어느 한 명이라도 대충 하면 나머지 사람들이 고생한다. 그런 팀원도 독려해서 함께 가는 것이 훈련소에서 가르치는 협업 정신인 것이다.

솔직히 협업하는 것은 번거롭게 느껴진다. 여전히 같은 대대 내에서 누군가 떠들어서 혼나면 내가 혼나는 게 아니라는 생각을 한다. 소대만 달라져도 완전히 남처럼 느껴져서 더욱 단체로 혼날 때 서로 조금 조용히 하도록 독려하지 않고 '우리 쪽은 아닐거야'라고 생각하게 되는 것 같다.

팀 프로젝트는 혼자 해도 될 일이라 하더라도 기간을 단축해야 하거나 애초부터 혼자서 할 수 없는 일을 해내기 위해 진행하는 것이다.

한 명이 불참하거나 비협조적인 태도로 자기 할 일만 하면 그만이라는 듯이 행동하면 프로젝트가 좋은 성과를 맺기 어렵다. 서로 부족한 부분은 돕고, 도움을 받은 만큼 다른 부분들도 살펴보며 선순환을 만들어 가야 하는 것이다.

대대, 여단 나눌 것 없이 같이 훈련받는 동기들은 전부 동료라고 인식하고 같은 팀으로 인식하여 협업해야 할 대상이다. 실제로는 서로 얼굴도 모르는 남남이라 하더라도 말이다. 전우애로 굳게 단결해야 한다는 말은 괜히 있는 상투적인 것이 아니다.

그럼에도 내 태도는 졸업 이후 소위로 임관하여 소대 하나를 이끌어야 하는 리더로서의 모습이라고 보기는 어렵다. 이기적이기보다는 개인주의에 가깝다고 볼 수 있겠다.

군대에서 이런 태도는 치명적이다. 단합이 되지 않으면 임무수행에 지장을 줄 염려가 크기 때문이다. 그런데 소대장부터가 개인주의여서야 그 소대가 제대로 굴러갈 것이라고 기대할 수는 없는 노릇이다.

나의 태도를 다시 돌아보고 내가 미처 생각하지 못했던 부분에서도 나만 생각했던 것은 아닌지 반성해야겠다.

단체 생활은 나 혼자 참고 견딘다고 할 수 있는 것이 아니다. 아직 서투른 친구가 있다면 기꺼이 돕고, 내가 아직 서투르다면 친구의 도움을 부담스럽게 여기지 않고 얼른 도움을 받아 능숙해지려고 노력해야 한다.

하계 때는 더위 때문에 서로 스트레스를 받을 일이 많을 것이다. 이럴 때 개인주의적인 마인드로 생활을 하면 갈등 상황이 빚어질 수밖에 없다.

함께 생활하게 될 동기들과 웃으며 지낼 수 있도록 개인주의적인 태도를 공동체적인 마인드로 바꿔 나갈 것이다. 서로 스트레스 쌓이는 일 없이 무사히 훈련 마치고 올 수 있도록 해야겠다.

불평 멈추기

최근에 알게 된 사실이 하나 있는데, 나는 생각보다 승부욕이 강하다. 모든 분야에 그런 건 아니고 내가 관심 있는 분야에 대해서만 그렇다.

예를 들어 체스의 경우 상대에게 지면 분한 마음이 든다. 그러면 투덜거린다. 불평불만을 늘어놓는 사람은 주변에 악영향을 미친다. 그렇게 투덜거리고 있으면 사람이 못나 보이고 쪼잔해 보인다.

내가 좋아하고 잘한다고 생각했던 분야에서 지거나 내가 못한 게 아무것도 없는데 외부요인 때문에 좋지 않은 결과를 얻었다는 생각이 들면 분한 마음이 드는 건 어찌 보면 당연하다.

문제는 그걸 발산하는 방법이다. 보통은 실력이 낮아서 분한 것이다. 운 때문에 졌다고 생각하는 것은 보통 실력이 부족한 상태에서 남 탓을 하고 있을 가능성이 크다. 그러니 실력을 늘리는 수밖에 없다.

나 역시 체스가 재밌어서 계속하지만, 졌을 때 불평할 때가 종종 있다. 늘 그렇게 기분 나쁜 것도 아닌데 유독 기분이 나쁠 때가 있는 것이다. 또 간혹 매너가 좋지 못한 사람들이 채팅으로 놀리거나 바보라고 욕하고 가면 기분이 확 나빠진다.

물론 욕하는 상대도 잘못이 있지만, 그걸 붙잡고 화를 내고 있는 나도 어리석다. 당연히 사람이니 순간 기분이 안 좋아질 수 있지만 그걸 흘려보낼 줄 알아야 하는데도 일일이 상대의 반응에 휘둘리는 것이다.

어리석긴 해도 혼자 그런 감정이 들고 끝나면 상관이 없는데, 그것에 대해 불만을 늘어놓고 투덜거린다.

불만을 늘어놓는 건 고함을 지르는 것만큼이나 보기에 좋지 않다. 다만 차이가 있다면 고함을 지르는 것은 분노를 참지 못해 폭발하는 것이고, 불만을 늘어놓거나 투덜거리는 것은 화를 내도 소용이 없거나 화를 낼 수 없을 때 소극적으로 화를 표출하는 것이다.

전자든 후자든 소인배같은 건 똑같다. 하지만 불만을 늘어놓는 사람은 불만을 표출하긴 했지만 화를 낸 건 아니라고 말한다. 왜냐하면 나름 참았다고 생각하기 때문이다. 소리 지르며 화를 낼 수도 있었지만 웅얼웅얼 하면서 참았다고 한다.

하지만 사실 참은 게 아니다. 똑같이 방출했으나 방식만 달랐을 뿐이다. 정말 참았다면 화가 난 것을 아무도 몰라야 한다.

마치 잘 알고 있는 것처럼 적었지만 글을 쓸 때 머릿속이 정리되어서 글로 나오는 것일 뿐, 실제로 이전에 투덜거렸던 그 상황에 똑같이 처하면 똑같이 투덜거릴 것이다.

왜 알면서도 불만이 터져나오는 걸 그 순간에 참지 못할까? 그 원인은 괘씸하다는 생각에 있다. 괘씸하다는 감정은 상대가 나에게 마땅히 해야 하는 것을 하지 않았을 때 느끼는 감정으로 얄밉다와 비슷하나 그 의미가 더 강하다.

괘씸하다는 것은 대상의 속내를 훤히 들여다보는 듯한 착각에서 비롯되는 경우가 많다. 나의 경우 체스를 하면서 '기물은 다 줘 놓고 시간으로 이기려고 하네' 같은 생각들이다. 모르는 사람인데 그 사람의 얼굴이 왠지 떠오르는 듯하고 얄밉게 보인다.

괘씸하다는 말은 자주 쓰이지만 그 의미가 조금 잘못되어 있다. 원래 뜻은 관계 속에서 지켜져야 하는 예의 등을 상대가 지키지 않아 밉살스럽게 보이는 것인데, 최근에는 그저 상대가 나를 화나게 했을 때 주로 쓰이는 말 같다.

체스에서는 시간도 기물처럼 잘 활용해야 하는 것이기에 기물을 다 줘도 시간으로 이기면 조금 비겁하다는 생각이 들 수는 있어도 하나의 전략을 잘 활용한 것이다. 상대가 나에게 잘못한 것은 아무것도 없다.

그런데 그건 내가 생각하는 체스에서 벗어난 것이고, 나는 내 기준에서 체스를 체스처럼 두지 않는 상대를 괘씸하게 여긴다. 그럼 화가 나고, 그걸 투덜거리며 풀게 되는 것이다.

체스만 그런 것은 아니다. 상대가 부리는 잔꾀, 비겁한 수법으로 생각되는 모든 것들에 괘씸하다고 생각하기 시작하면 끝도 없다. 그러면 일상에 화가 많아지게 된다.

특히 괘씸하다는 생각이 들면 그냥 지나치지 못하고 저 괘씸한 것을 어떻게든 해야 기분이 풀린다. 괘씸하다는 건 단순히 얄미운 것이 아니라 상대가 해서는 안 될 짓을 저질러서 나를 기분 나쁘게 했다고 느낀 것이고 여기에 내 잘못은 없이 오로지 상대방의 잘못이기 때문이다.

물론 실제로 그런 것이 아니라 단순한 남 탓일 뿐이지만 괘씸하다는 감정이 들면 그런 판단이 잘 안되는 듯하다. 이렇게 괘씸하다는 감정은 사소한 계기로 시작되는 싸움에서 자주 보이기도 한다.

그만큼 상대에 대한 분노도 참을 수 없게 만들어 행동으로 이어질 것을 촉구하는 감정이다.

괘씸하다는 감정은 이성적 판단을 방해하고 나 자신을 뻔뻔하게 하며 상대에게 오히려 무례를 저지르게 하는 원인이 된다.

부끄러운 얘기지만 나도 이런 1대1 승부에서 상대의 반응을 괘씸하다고 생각하여 중간에 나가버린 적이 너무 많다. 이런 괘씸하다는 감정이 지배당하지 않으려면 우선 상대의 의도를 악의적으로 해석하고 부풀리는 것부터 그만두어야 한다. 마치 내가 실력이 안 되는 것을 인정하지 못하는 것과 같다.

남 탓을 하고 상대의 정정당당한 행위를 그렇게 해서는 안 됐던 것처럼 생각하고 마치 나의 분노가 당연하다는 듯이 행동하게 된다. 그러니 먼저 이런 피해망상부터 멈춰야 할 것이다.

그 다음으로는 불평하는 것 자체에 대해 경계하는 것이다. 나의 경험에 초점을 맞춰 괘씸함에서 오는 불평과 투덜거림을 중심으로 글을 전개했지만, 사실은 단순히 지금 일이 힘들고 견디기 어려울 때도 불만 섞인 목소리가 나오기 쉽다.

하지만 이런 불만은 전염된다. 일이 힘들 때 나오는 불만은 동료의 힘을 빼고 사기를 저하시킨다. 또 나의 의욕도 꺾는다. 불만도 하나의 분노라고 앞에서 말했는데, 내가 불만을 느낀 그 일을 부당한 것으로 느끼게 한다.

그래서 하기 싫은 것을 더욱 하기 싫게 만들고 상황을 비참하게 느끼게 된다. 불평을 해도 바뀌는 건 없다는 것이 정설처럼 여겨지고 있지만 사실은 훨씬 일을 비효율적으로 만드는 주범인 것이다.

이렇게 불만은 나 하나만 기분 나쁘게 하는 것이 아니라 주변 사람들도 함께 힘들게 하는 것이므로 그만두어야 한다. 나도 나의 투덜거리는 버릇이 좋지 않다는 것은 자각하고 있었고 이것으로 주의도 몇 번 받았으나 고치지 않고 괘씸하다는 생각이 들 때마다 반사적으로 화를 내는 스스로를 발견했다.

그렇게 매번 고통스러워하면서도 굳이 똑같은 일을 반복해서 똑같은 감정을 느끼며 발버둥치는 것은 스스로에게 분노를 선사하는 꼴이다. 결국 남 탓을 할 것이 아니라 그런 감정을 느끼게 하는 행위를 그만 두거나 생각을 고쳐야 할 것이다.

나는 체스를 좋아한다. 아직 공부해보지 못한 것이 많기에 더더욱 이런 일로 나에게서 멀리하게 되고 싶지 않다. 그러니 상대에 대한 존중을 바탕으로 피해망상을 멈추고 건전하게 할 수 있도록 해야겠다.

자만과 자기비하의 균형점

나는 어렸을 때 나를 소개하거나 알아보는 시간에 나의 장점을 적어보라고 하면 나의 좋은 점보다는 내가 잘 하는 것을 적으려고 했다. 당시 나는 뭐든 잘하고 머리도 좋다는 자만으로 가득 차 있었다.

하지만 그렇게 생각했던 것들은 대부분 사실이 아니었고, 나의 자랑질은 서서히 줄었다. 오히려 성장하면서 나의 부족하거나 못난 점들이 눈에 훨씬 더 많이 들어왔고, 이제는 나에게서 장점을 찾는 것이 그 시절 자만했던 내가 떠올라 전부 사실이 아닌 것처럼 느껴진다.

그래서인지 스스로에 대해 성찰하고 글을 적으려 하면 반성할 점만 찾아서 적게 되는 것 같다.

어렸을 때부터 들었던 나의 좋은 점은 정직한 것, 그리고 집중을 잘하는 것, 착한 것 정도였던 것 같다. 주변 분들께 그런 이야기를 들으면 감사하다는 생각과 함께 스스로가 그런 칭찬에 떳떳하지 않은 것처럼 느껴진다.

정직한 것과 거짓말을 못하는 것은 다르다는 이야기를 했는데, 나는 거짓말을 잘 못하는 것이지 평생 정직하게 산 것도 아니고 크고 작은 거짓말들을 했다.

집중을 잘한다고 칭찬을 들었던 것은 어렸을 때이며, 최근에는 오히려 하나에 집중하지 못하는 모습을 훨씬 많이 보이는 것 같다. 정말 간절함에 몰입했던 때를 제외하고는 무언가에 집중했던 기억이 없다.

착하다는 말도 나의 위선에 지나지 않는 것은 아닐까 하고 생각한다.

이렇게 스스로를 자랑스럽게 여기지 못하는 마음 뒤에는 스스로에게 떳떳하지 못했던 순간들이 자리 잡고 있다. 나 자신에게 떳떳하지 못한 기억은 나의 자존감을 좀먹는다.

스스로를 부끄러운 사람으로 여기기 시작하면 자기 비하로 이어진다. 자기 비하는 일종의 쾌감을 준다. 못난 것을 못났다고 여기는 마음에서 비롯되는 이상한 후련함이라고 해야 할까? 이런 자기 비하는 스스로에게 건네는 위안인 동시에 습관이다.

단순히 내 태도가 고쳐진다고 바뀌는 것이 아니다. 더 정확히는 늘 자신을 바보 취급하고 자기 비하하는 것이 그런 태도를 바꾸지 못하게 한다.

나는 타인에게 뒤처지는 것보다도 스스로가 바보 같은 짓을 했다는 생각이 들거나 과거의 나에게 뒤쳐지는 것에 대해 스트레스를 심하게 받는다. 나 자신에게 화가 난다.

그럴 때 자주 하는 생각들이 몇 가지 있다. 그것밖에 못하냐는 질책에서 비롯되는 자기비하, 내가 그럼 그렇지 하고 기대도 안 했다는 식의 무시 등이다.

자기비하나 무시는 성장을 가로막는다. 내 실수나 잘못을 인지하면 답답하고 화가 나게 되는데, 이에 상응하는 나의 피드백은 행동으로 이어지는 것이 아니라 스스로를 깎아내리는 것으로 이미 끝나기 때문이다. 비용, 시간, 노력이 모두 절감된다. 그래서 그만큼 성장이 없다.

나 자신에게 관대한 문제도 자기 평가가 낮은 것에서 온 문제일 수 있다. 내가 그렇지 뭐, 하고 넘어가버리는 것은 기존에 무겁고 답답하게 느껴졌던 나의 실수를 내려놓게 한다.

원래 사람 자체가 그런 사람이니까 고칠 게 없다. 그냥 앞으로도 그렇게 살아가는 것이다.

어쩌면 이조차도 스스로가 못난 것이 괴롭고, 그렇다고 노력해서 고치기에도 힘든 나의 나약한 면이 문제를 회피하기 위해 선택한 방법일지도 모르겠다. 만약 그렇다면 더더욱 바꿔야만 한다.

이렇게 스스로 떳떳하지 못한 부분은 나만 아는 나의 부끄러운 점이 된다. 이것을 단순히 스스로를 비난하는 재료로 소모하는 것이 아니라 내가 왜 그런지 자세히 살펴보고 글로 정리하는 과정은 누군가한테 보여지는 것이 부끄럽더라도 그 속에서 어떻게 고쳐야 할지 갈피를 잡게 해준다.

지금 쓰는 이 책이 나의 성장을 담는 기록이자 에세이인 만큼 나의 단점과 반성을 담고, 그것이 성장으로 이어지는 내용도 함께 담겨야 할 것이다. 그러니 이 빈 공간에 적는 나의 반성이 자기 비하의 탈을 뒤집어쓴 자기연민이 되지 않도록 늘 경계해야 할 것이다.

자만하면 안 된다고 자기 비하 쪽으로 치우칠 것이 아니라, 그 사이에서 중용을 지키는 것이 중요하다고 할 수 있겠다.

지금까지는 나의 나쁜 점만 계속 적었지만 어떻게 사람이 단점만 있겠는가. 내가 스스로 찾지 않을 뿐 나에게도 장점이 있다. 최근에 장점이라고 생각했던 것은 아니지만 스스로 뿌듯하게 느꼈던 일이 하나 있었다.

1학년 때 수강했던 경제학 입문 성적이 좋지 않았기에 2학년 때 재수강을 했다. 그런데 1학년 때처럼 출석 때문에 또 성적이 좋지 않을 위기에 처한 것이다. 계산을 해보니 기말 시험을 100점 만점에 95점 이상을 받아야 했다.

3주 전부터 꾸준히 공부를 하려 했고 주말에도, 새벽에도 따로 공부 시간을 마련했지만, 이상하리만큼 집중이 안됐다. 아직 시간이 많이 있다는 안일함 때문이었을 것이다.

공부하는 척하면서 딴짓으로 시간을 보내다가 결국 시험 전날이 됐다. ppt 양을 세보니 중복되는 페이지를 제외하더라도 거시경제학 내용만으로 약 700장 정도 되는 분량이 나왔다. 정신이 아득했다. 다음날 시험을 봐야 하는데 이걸 전부 다 할 수 있단 말인가.

게다가 시험을 보고 와서 시간도 많지 않았다. 포기하고 싶은 생각이 굴뚝같았지만 이미 재수강을 신청한 수업인 만큼 또 좋지 못한 성적을 받을 수는 없었다.

이걸 끝내서 모든 내용을 기억하겠다는 각오로 700페이지를 정리하며 공부하기 시작했다. 그리고 다음 날 시험 전까지 모는 페이지를 정리해서 외워서 시험을 봤고 95점을 받았다.

물론 이 일은 해피 엔딩으로 끝나지는 않았다. 알고 보니 출석 점수를 잘못 계산해서 결국 전과 똑같이 B+ 성적으로 마무리했다. 훈련소에서 이를 확인했을 때는 멘탈이 심하게 나갔는데, 훈련이 워낙 힘드니까 이 문제를 잠시 미뤄두고 훈련에 집중할 수밖에 없었다.

그러나 결과가 좋지는 않아도 결국 집중하지 못했던 이전 시간들에 대해 책임을 지고 불가능해 보였던 일을 해냈다. 나는 하려고 하면 어떻게든 해내는구나 생각했다. 이번 일에서도 부족했던 부분들이 보이지만 그럼에도 스스로 뿌듯한 것은 감출 수가 없었다.

늘 말로만 해야 한다고 중얼거리면서 의욕 없는 모습을 보이지만 일단 해야 한다고 마음을 먹으면 해낸다는 것을 알게 되었다. 평소에도 이렇게 의욕을 보이면 성적이 안 좋을 수가 없을 것이다. 이런 부분이 나의 장점이라고 할 수 있는 것 아닐까?

그러나 이것이 "내가 한다고 하면 하는 사람이야"라는 말뿐인 장점에서 그치지 않도록 의지를 불태워야겠다는 생각이 든다.

이렇듯 나의 경험에서 내 장점이라고 느끼는 것들도 분명 많을 것이다. 이런 것들을 무시해서 자기 비하로 치우치는 것도, 이런 것들을 자랑해서 자만으로 치우치는 것도 바람직하지 않다.

스스로 부끄럽게 여기는 것들이라도 고쳐서 내 성장으로 이어지게 하기 위해 글로 적는다. 스스로 자랑스럽게 여겨도 괜찮을까 하는 것들도 글에 담으면, 나의 자존감이 되고 더 성장하려고 하는 원동력이 된다. 이처럼 스스로를 칭찬하는 것을 아끼지 말아야겠다.

직설적인 말

《더 좋은 삶을 위한 철학》이라는 책 뒤에 이런 질문이 나온다. "친구의 이상한 셔츠를 예쁘다고 해야 할까?"

친구의 셔츠가 이상하다고 하는 것은 나의 의견일 뿐이다. 하지만 실제로 그 셔츠가 예쁘다고 생각하지 않는데 그걸 이상하다고 전하는 것은 잘못된 것일까?

이 질문은 평소 친구들의 취향에 대한 나의 태도를 잘 보여주는 것 같아 재미있게 느껴졌다. 그래서 이 책을 펼쳤다.

첫 장부터 재미있는 내용이 가득하면서도 마치 나를 두고 이야기하는 것 같아 신기하다고 생각하는 부분도 많았지만 우선 친구의 이상한 셔츠를 예쁘다고 해야 하는가에 대해 내 나름대로 답해보려 한다.

책에서의 초점이 친구를 위해 거짓말을 해주는 것이 바람직하냐는 것이라면 나의 초점은 조금 다르다. 못됐다는 얘기를 자주 듣는 부분이지만 친구가 좋아하는 노래를 내게 보내면 "멋진 노래네!" 라고 말하기보다는 어떤 부분이 특히 좋아서 내게 좋다 혹은 이런 부분이 별로여서 내게 안 좋다 하고 딱 잘라서 말한다.

내게 노래를 추천해 준 그 친구에게 실망감과 당혹스러움을 안겨주기 위해서 이렇게 말하는 것이 아니다. 내 나름대로 멋진 노래라는 한 마디로 넘어가지 않고 성실하게 답하기 위해서 이렇게 말하는 것이기도 하고, 내 취향을 공유하여 서로 좋아할 것 같은 노래를 파악하게 하려는 목적도 있었다.

문제는 말투였다. 상대는 고려하지 않은 채 나를 기준으로 좋다 혹은 별로다 하고 직설적으로 말한 것이다. 대부분의 상대가 내가 좋다고 인정했던 것보다 별로라고 말했던 것을 훨씬 많이 기억하고 있었고, 나는 뭐든 일단 싫다고 하고 보는 염세주의자가 되어 있었다.

이 책의 저자 마이클 슈어는 이 부분에서 재미있게도 칸트의 정언 명령에 관해 이야기한다. 정언 명령은 쉽게 말하면 어떤 상황에서 내가 반드시 따라야 할 규칙이다.

이 규칙을 따르는 행위는 결과에 따라 달라져서는 안 되며, 이를 어기는 것은 도덕적 실패로 간주했다.

칸트는 이 규칙에 대해 “스스로의 준칙에 따라 행동하되 그것은 보편 법칙이 될 수 있어야 한다”라는 문장으로 정리한다. 모든 사람이 이 규칙에 반드시 따라야 한다는 것이다.

이제 다시 아까 상황으로 돌아가 보자. 나는 친구에게 그 음악이 좋다고 거짓말을 해야 했을까? 칸트의 정언 명령에 따르면 그건 도덕적 실패다.

모두가 거짓말을 하면 세상이 혼란스러워지고 아무것도 믿지 못하게 될 것이기 때문이다.

이때 상처받을 친구의 마음을 고려하는 것에는 아무런 도덕 가치도 없다. 만약 거짓말이 허용된다고 한다면 그것은 친구의 마음을 상하게 하지 않아야 할 의무가 있다는 규칙에 따라서만 가능할 것이며, 이 법칙에 따르는 것에만 도덕 가치가 있는 것이다.

매우 이성적이고 칸트가 어떤 사람인지 잘 보여주는 사상이지만 내 경우에는 별로 도움이 되지 않는 관점이다. 나는 딱히 도덕적 실패를 피하기 위해 직설적으로 말하는 것이 아니다.

특히 무조건 거짓말을 하거나 진실만을 말해야 하는 문제도 아니기에 더더욱 그렇다. 사실을 부드럽게 전할 수도 있고 사실의 일부를 이야기하지 않을 수도 있는 것이다.

그렇기에 오히려 칸트의 다른 규칙인 "인간을 수단이 아니라 목적으로 대해야 한다"는 문장이 더 와닿는다.

마이클 슈어는 내가 친구에게 친구의 노래가 좋다고 거짓말을 하게 된다면 그건 직설적으로 말했을 때 마주하게 될 불편한 대화를 피하기 위해서 또는 그렇게 함으로써 내가 나쁜 사람이 되는 것을 피하기 위해서일 것이라고 말한다.

이때 나는 친구를 거짓말하는 대상이자 내가 악한 사람이 되는 것을 피하기 위한 수단이 된다. 친구의 기분이 나빠지는 것을 피하기 위해 거짓말을 하면 이때는 친구를 목적으로 삼은 것이 된다.

이것도 완벽한 답은 아니라고 생각한다. 친구를 위한다는 목적이 말 그대로 친구를 생각하는 것인지, 혹은 친구를 생각하는 나의 선한 모습을 위한 것인지 판별하기 어렵기 때문이다.

마이클 슈어는 이 문제의 해결 방안으로 진실을 말하는 대신 다른 진실로 에둘러 말하는 것을 내놓는다.

예를 들어 친구가 우울한 가사의 음악을 내게 추천했다면 나는 이 곡의 가사가 우울해서 밝은 것을 좋아하는 나에게는 별로라고 말하는 대신, 가사가 우울한데 음이 밝아서 신선하다고 말하는 것이다.

이 경우에도 인간을 수단으로 대한 것인지 목적으로 대한 것인지에 대한 문제는 남아있지만 적어도 거짓말을 하면 안 된다는 규칙은 지켰다.

그럼 이것으로 문제가 해결이 되었는가? 내 생각에는 아니다.

친구가 음악을 추천하는 것은 어떤 목적으로 이루어지는 행위인가를 살펴보면, 적어도 상대 생각은 조금도 안 하고 내가 좋아하는 음악이니 너는 그냥 조용히 들으라고 보내는 것은 아니다.

나는 이 부분에서 상대도 좋아할 것이라고 예상하고 보낸 것이 대부분일 거라고 생각했다. 나는 추천을 받은 입장으로서 그 암묵적인 질문에 답하는 것이 성실한 것이라고 생각했다.

앞서 마이클 슈어가 제안한 해결 방안은 살인자의 예시로 나왔다. 형을 죽이러 온 살인자가 형이 어디 있느냐고 물었을 때 오늘은 화요일이고, 화요일에 형은 보통 연못 근처에 갔다고 한다.

이때 내가 형이 집에 없다고 거짓말한 것은 아니지만 은연중에 연못에 있을 것이라는 정보를 흘렸다. 상대의 질문에 대답한 것이다.

다만 멜로디와 가사의 분위기가 대조적인 분위기를 이루는 것이 신선하다는 답변은 그래서 그게 좋다는 건지 나쁘다는 건지 애매하다. 듣는 상대에 따라 달라질 수도 있을 것이다. 그러니 그 암묵적인 질문에 답했다고 보기 어렵다.

그렇기에 나는 처음에는 추천해 준 곡이 별로라고 말하다가 내 발화의 문제점을 깨닫고 내 취향에는 조금 맞지 않는 것 같다고 부드럽게 말하기 시작했다. 별로 소용이 없었다.

나는 상대가 자신의 취향이 아니라고 하면 쿨하게 그렇구나 하고 넘어가야 한다고 생각했는데, 이것이 반드시 모두가 가져야 할 정언 명령은 아니다.

친구의 입장에서는 내가 좋아할 것 같은 음악이 아니라 그저 자신의 취향을 공유했을 뿐일수도 있다. 이 경우 내 답변은 말투가 어떻게 달라지든 결국 친구의 취향을 거절한 것에 지나지 않는다. 대화에는 애로사항이 꽃피게 된다.

결론적으로 내 기준과 사고방식을 남에게 똑같이 적용해 놓고 합리적이라고 생각한 답변을 해서 문제가 생겼던 것이다.

친구는 내 답변을 전혀 좋아하지 않았다. 서로가 좋은 게 아니면 합리적인 게 아니다. 친구는 자신이 무언가를 추천하면 나는 일단 반대부터 하고 그 다음 이유를 갖다 붙인다고 생각하게 되었다.

취향이라는 것 자체가 고정된 실체가 아니라 감각적인 것이기에 똑같은 장르 내에서도 마음에 드는 것과 들지 않는 것이 달라지고, 이전에 좋았던 게 좋지 않은 것처럼 느껴질 수도 있는 것이다.

친구는 내 취향이라고 생각해서 노래를 보냈는데 분명 비슷한 걸 좋아한다고 했던 녀석이 갑자기 이런 부분이 별로라고 이야기해 오면 억지로 느껴질 것이다.

결국 내가 친구의 의도와 취향을 거절한 것이 문제였다. 말투의 문제가 아니라 내 생각을 똑같이 적용해서 발생한 문제인 만큼 대답의 초점 자체를 바꿔야 했다.

다음에 나와 안 맞는 것을 추천해 주면, 이것이 별로라고 대답하지 않고 지난번에 추천해 줬던 그것이 좀 더 좋았다, 또는 전체적인 감상이 별로라고 할지라도 일부를 골라 이 부분이 좋다고 말하는 식으로 답변을 바꿔야겠다.

이렇게 해도 어떻게 받아들이느냐는 친구의 몫이다. 실은 친구 추천이 별로여도 추천해 준 그 마음을 생각해 좋다고 대답할 수도 있는 것이다.

사람이 못났다고 하면 할 말이 없다. 워낙 친한 친구라 더더욱 대답을 신경 쓰지 않고 직설적으로 했던 부분도 있다.

하지만 솔직함과 무례함은 구분할 줄 알아야 한다. 나의 무신경한 말 한마디가 친구에게 좋지 않은 의미로 다가가지 않도록 늘 주의하고 친한 친구일수록 예의를 갖춰야 한다는 말을 다시 한번 상기할 필요가 있다.

생각에 무게를 더하다

나는 생각을 가볍게 한다. 내 사고 방식에 책임이라는 말은 어울리지 않을 정도로 가볍다. 이를테면 이런 식이다.

ROTC에 대해서 깊게 고민한 것은 맞지만, 정작 선택할 때는 이전까지 고민하던 것이 무색할 정도로 쉽게 결정을 내린다. 어떤 선택이 잘못된 선택인지 알 때도 한 가지 생각이 나의 고민을 싹 걷어낸다.

"에이, 그냥 하지 뭐."

너무 가벼워서 나는 내 선택이 잘못되었다는 것에 대해 크게 의식하지 않고 해야 할 일이 있을 때 놀거나 딴짓을 한다. 나의 결정에는 "그냥"이라는 말이 수식어처럼 따라다닌다.

이를 생산적인 방향으로 적용을 해야 할 텐데 내 몸이 편하고 내 뇌가 즐거운 방향으로 적용해버린다. 이렇게 가볍게 생각하고 그냥 해버리는 이유는 오래 고민하면 그것을 선택하지 않아야 하기 때문이다.

놀고 싶지만 돈도 부족해질 것이고 공부하는 학생으로서 본분도 지키지 못하는 것이라면 이것저것 따져봤을 때 하면 안 된다. 근데 그래도 놀고 싶다. 그럼 조건들을 나열해서 고민하지 않고 놀러 가는 것이다.

"에이, 어떻게든 되겠지."

그래서 지금까지 아무 일도 없었냐고 하면 그런 가볍고 잘못된 선택들로 인해 후회한 적이 훨씬 많다. 생각이 가벼워지면 그만큼 대가가 무거워진다. 마치 책임이라는 총량이 있고 그것에서 내가 부담하지 않은 만큼 대가로 돌아오는 것 같다.

그럼에도 계속 생각을 가벼이 하는 건 지금 해야 하는 일이 아닌 걸 알아도 놀고 싶으니까 애써 외면해버리거나, 선택의 순간에 섰을 때 강단 있게 선택하지 못하고 우유부단한 태도를 취하기 때문인 것이다.

대학교 1학년 때 은사님께서 내 생각의 무게에 대해 말씀해주신 적이 있었다. 그 말씀을 해주시기 직전에 내 선택에 대해 깊이 반성해야 할 일이 있었기에 그런 말씀을 그 타이밍에 주신 것에 놀라며 내 생각의 무게에 대해 다시 생각했다.

그 일은 2024년 송도에서 1학년을 보내고 있을 때 일어났다. 수업에 가기 전 점심 시간에 친구 두 명하고 함께 식사를 하고 있었다. 그런데 밥을 먹다 친구의 연애 얘기가 나왔다.

들어보니 심상치가 않다. 친구가 심각한 얼굴로 이야기를 이어갔고 내용도 어두운데다 안타까운 얘기였다. 모든 일을 내가 겪은 것처럼 착잡한 얼굴로 듣고 있는데 시계를 보니 곧 수업을 가야 하는 시간이었다.

친구 얘기는 아직 끝나려면 한참 걸릴 것 같은데 이대로 일어나서 수업을 가야 할지 아니면 친구 얘기를 더 들을지 고민이 됐다.

어떤 게 더 중요한 일인지 분간을 못 하고 갈팡질팡하다가 결국 하루 결석하는 것 정도는 괜찮을 것이라고 생각하고 친구 얘기를 끝까지 들었다.

열심히 위로하고 같이 노래방 가서 발라드도 부르고 헤어졌다. 수업을 안 간 것이 마음 한 편에 자리 잡아 무겁게 남았지만 애써 괜찮을 것이라고 되뇌었다.

그 수업은 경제학 입문이었고, 딱 하루 출석 점수 모자란 것으로 B+을 받았다. 재수강을 한 뒤에도 B+을 받았다. 그때 친구의 얘기를 끝까지 들은 것을 후회하냐고 하면 잘 모르겠다. 그 친구가 나에게 수업 안 가도 괜찮은 거냐고 물어봤을 때 괜찮다고 대답했다. 그 대답에 아무런 책임도 지지 못했다.

잘못된 선택을 하면 안 되는 이유는 잘못된 선택이 단 한 번으로 끝나지 않기 때문이다. 실제로 그 한 번 출석 놓친 것 때문에 성적이 낮게 나왔다고 한탄하기에는 동영상 수업 결석 횟수도 많았고 중간고사 대체 과제에서 점수가 좀 많이 깎인 것도 있었다. 친구 얘기를 들어주고 이후 영상 강의를 까먹어 결석하는 일이 없었다면 A0를 받았을 것이다.

이 일에서의 교훈은 친구 얘기보다 강의를 우선시하자는 것도, 선택을 똑바로 하자는 것도 아니다. 올바른 선택을 하는 것은 중요하고 친구 얘기를 듣는 것보다 강의에 참석하는 것이 더 중요할 때도 많을 것이다.

다만 내가 이 일에서 반드시 잊지 말아야 할 것은 친구의 괴로운 얘기를 들어주기 위해 수업에 결석하기로 결정했다면, '다음부터 안 빠지면 되지 뭐.' 처럼 가볍게 생각할 것이 아니라 똑바로 그 결정이 어떤 결과를 불러올지 심사숙고하여 결정하고 그 결정을 계속 무겁게 가져갔어야 했다는 것이다.

생각에 무게를 싣는다는 것은 이를 두고 하는 말일 것이다.

하지만 이후에도 내 생각에 무게를 싣는 일은 제대로 이루어지지 않았다. 그건 나의 선택이 바람직하거나 잘못된 것과는 관련이 없다.

단순히 내 선택에 책임을 져야 한다는 막연한 마음가짐이 아니라 이 일이 어떤 파급 효과를 불러올 지 예상하고 이후에도 똑같은 선택을 하게 되지는 않을지 충분히 고려하여 판단해서 어떻게 책임을 져야 할 지 구체적으로 떠올려야 하는 것이다. 그것이 안 된다면 감당하지 못할 선택을 하지 말아야 한다.

아직은 늦지 않았다. 할 일 중간에 딴짓을 하거나 노는 등의 행위가 어떤 나비효과로 내게 돌아올 지, 그렇게 놀아버리고 나서 책임을 어떻게 질 것인지를 생각해보자.

3학년부터는 출석이나 공부 때문에 시험 날까지 벼락치기로 밤을 새우고 최악의 컨디션으로 시험을 보는 어리석은 실수를 반복하지는 않게 될 것이다.

이제는 책임을 진다는 것의 의미를 다시 생각해 보아야 할 때다. 단순히 책임을 지겠다는 두루뭉술하고 어중간한 각오가 아니라 실제로 어떻게 일처리를 하겠다는 구체적인 책임 계획을 세워서 선택에 반영할 수 있도록 해야겠다.

공상 속 나의 모습

나는 어렸을 때부터 공상하는 일이 많았다. 인정받고 싶은 욕구가 강했는지 어렸을 때는 뭔가를 잘한 나를, 학창 시절에는 무언가를 이뤄낸 나를 상상하곤 했다.

이를테면 다이어트에 성공한 나를 상상하거나 전교 1등을 한 나를 상상하는 식이다. 주변의 반응도 상상해보고, 내 기분도 상상해본다. 아마 엄청 기분 좋을 것이다.

그런데 둘 다 실제로 경험한 적은 없다. 이외에도 공상을 하는 일은 많았지만 전부 현실에서 이뤄진 적은 단 한 번도 없었다. 상상만 하고 실천을 안 한 것이다. 그건 과정을 바라보지 않고 결과만 원하기 때문이었다.

예를 들어 다이어트에 성공한 나 자신을 꿈꾸면 그 과정은 생략하거나 압축한다. 어떤 운동과 식단을 거쳐서 서서히 다이어트를 이어가는지는 상상하지 않는다. 그 대신 '열심히 운동해서'같은 간단한 말로 대충 넘긴다.

그 당시 시중에 있는 자기 계발서에는 성공한 자신의 모습을 이미지로 떠올려서 동기 부여를 받아야 한다는 내용이 많았다.

나중에 밝혀진 연구에 따르면 성공한 자신의 모습을 생생하게 떠올리면 그것을 내 모습으로 착각하고 뇌가 만족해버려서 더 이상 그 모습을 이루기 위해 노력할 의욕이 나지 않는다는 결과가 나왔다.

그럼 과정을 생생하게 떠올리면 좀 더 현실에서 이루기 쉬울까? 전교 1등이 되기 위해 정말 지금 공부하고 있는 것처럼 과정을 생생하게 떠올리는 것이다.

하지만 아무리 과정을 생생하게 떠올리고자 해도 결국 과정은 생략되기 마련이다. 최고의 모습이 된다는 것은 시간을 필요로 하는 일들인데 공상을 한다는 것은 그 자리에서 당장 최고의 모습을 떠올리게 되는 일이기 때문이다.

과정을 생생하게 상상하려면 나는 몇 달 동안 계속 공부하는 나 자신을 상상해야 한다.

그렇기에 과정을 제대로 생각하지 않고 결과만을 그리게 되는 것인데, 문제는 이런 공상을 자주 하다보면 현실로부터 눈을 돌리게 된다. 더욱 공상에 빠지는 것이다. 그건 현실의 내 모습과 상상 속 내 모습의 괴리를 매번 느끼게 되기 때문이다.

그 과정을 성실하게 이행해서 현실의 나를 성장시키면 되는 일 아닌가? 하지만 공상으로 이미 최고가 된 나를 떠올리면 만족스러운데 굳이 고통스럽게 노력해서 최고가 되려고 할까? 뇌는 그렇지 않다. 그래서 자꾸만 현실에서 노력하지 않고 공상 속에 빠지게 되는 것이다.

한 번은 학교 친구가 부탁한 설문을 하는데 이런 조항이 있었다.

“영웅이 된 자신의 모습이나 주변에서 아무도 해결하지 못했던 일을 해결해 낸 자신의 모습을 공상하곤 한다.”

당시에는 이 질문이 인정받고 싶은 욕구가 강한지를 물어보는 것처럼 느껴졌다. 영웅적인 내 모습이라고 하면 거창하지만 모든 과목에서 A+을 받거나 책을 많이 읽은 나를 상상하곤 했기 때문에 꽤 그렇다는 쪽으로 답변했다.

가끔은 노력이 아닌 다른 요인이 필요한 것을 상상하기도 한다. 훈련소에서는 사격 훈련 전날 20발을 모두 맞춘 자신을 상상하며 잠에 드는 식이었다.

이런 경우에는 내가 상상하는 것이 마치 공상이 아니라 실제로 있을 법한 일을 이미지화하는 효과로 작용했는지 행군 때나 힘든 훈련 때 많이 도움을 받았다.

사격은 당일 컨디션과 이미지화 실패로 만발에 실패하긴 했지만 말이다.

공상은 이렇게 과정이 힘들기보다는 가까운 시일 내에 내 능력만으로 성과를 내야 할 때는 도움이 됐던 것 같다. 어떤 일을 해낸 나를 상상하면 실제로도 그렇게 되었다.

다만 현실에서는 오랜 시간 노력으로 이뤄내야 하는 일이 훨씬 많고, 그런 일들은 당장 내 본업이기에 대부분의 경우 공상이 오히려 방해가 된 적이 많았다는 것 또한 사실이다. 그래서 공상을 줄여보려고 했지만 별로 효과가 있지는 않았다.

공상을 언제 하는지도 중요하다. 잠자리에 들기 전에 이런 상상을 하거나 식사하면서 이런 상상을 하는 건 별로 문제 될 것이 없다.

오히려 잠자리에 들기 전에 이런 상상을 하는 건 내 무의식 속에 각인되어 그것을 현실로 만드는 힘을 기르게 할지도 모르겠다는 생각이 든다.

하지만 내가 공상하는 시간은 대부분 강의를 듣다가 딴 생각이 들 때이다. 딴 생각을 할 때는 대부분 그런 공상으로 사고가 흘러갔고, 심한 경우 그렇게 20분 이상을 딴 생각을 하다가 강의 내용을 놓쳐 친구에게 알려달라고 부탁해야 하거나 같이 강의를 듣는 친한 친구가 없는 경우 프린트만 보고 앞뒤 맥락으로 겨우 이해해야 하는 일이 잦았다. 너무 공상에 집중해서 중간에 끊어내기도 힘들다. 인지 자체를 못한다.

이런 식으로 공상하는 버릇은 나에게 도움이 될 때보다 방해가 될 때가 훨씬 많다. 그래서 공상하는 버릇을 끊어내려고 하는데 이것이 쉽지가 않다.

특히 최근 쇼츠나 릴스 등의 짧은 영상을 보면서 도파민에 절여졌는지 단기간에 성공한 내 모습을 맛볼 수 있는 공상을 더 자주하게 되는 것 같다.

먼저 단기적인 쾌락부터 이겨내고 자꾸 이미 내가 하는 일을 성공한 이후의 모습을 상상하면서 시간을 낭비하고 있으면 그 과정을 생각해보려고 애써야겠다.

이렇게 공상이 괴로운 일이 되면 억지로 줄이려고 하지 않아도 자연스럽게 하지 않게 되리라.

과정을 상상하려고 하는 것은 그다지 유쾌하지 않을 것이다. 공부하는 과정을 생생하게 떠올린다는 것은 이미지 없이는 거의 불가능한 일이기 때문에 내가 실제로 공부했던 내용을 떠올리는 식으로 공상보다 회상에 가까운 일이기에 실제로 공부하는 것과 다를 게 없다.

그러면 복습 효과도 있을 것이고, 결국 실제로 공부하는 것이 더 낫다는 결론에 도달하게 될 것이다. 특히 수업시간에 자꾸 사고가 공상으로 새어 강의 내용을 놓치는 일이 없도록 해야 할 것이다. 현실로부터 도망치고 싶은 느낌을 잘 통제해야겠다.

만박을 경계하라

훈련소에 다녀오고 나서 가족과 함께하는 시간을 보냈다. 대화만 몇 시간동안 계속 했는데, 그때 어머니께서 만박에 대해 말씀해 주셨다.

만박이란 항아리에 물이 가득 차다 못해 넘치는 것이다. 허용 가능한 용량보다 더 많은 것이 들어가 결국 그 압력을 버티지 못하고 깨져버리는 것을 말한다.

사람에게 적용하면 허용 가능한 스트레스 이상으로 과부하가 걸려 마음이 꺾여버리는 현상이라고 할 수 있을 것이다. 어떤 것을 만박이라고 할 수 있을까?

내가 현재 책을 쓰고 있으므로 책 쓰는 일에 대해서 만박을 생각해보자. 책은 모든 페이지가 전부 좋은 내용으로 채워지지는 않는다.

책을 읽다 보면 저자의 생각이 너무 갔다는 느낌이 들 때도 있고, A를 얘기하던 것에서 시작한 책이었는데 어느새 A를 지나쳐 B를 이야기한다는 생각이 들 때도 있다.

처음에는 좋은 내용이었던 것 같다가도 어느새 사이비처럼 느껴지기도 한다. 이때는 작가가 스스로 글을 쓰다가 몰입해서 썼다고 생각하지만 사실은 자신의 생각이 뻗어나가는 것을 제어하지 않고 글을 작성하다가 자신의 의견인지 지극히 주관적인 관점일 뿐인지 구별하지 못하고 생각나는 것을 모두 적는 것이다. 이것이 만박이다.

2002년에 개봉한 영화 《스파이더맨》에서 악역인 노먼 오스본 박사는 자신의 회사인 오스코프 사를 운영하는 CEO이자 과학자였다. 그는 인간의 신체를 강화시키는 약물을 연구하고 있었는데, 군 당국에서 연구비를 지원받으며 과학자로서, 그리고 기업의 경영자로서 최선을 다하는 사람이었다.

하지만 빠른 시일 내에 신체 강화 약물을 완성하지 않으면 지원을 끊겠다는 군 당국의 압박에 노먼은 조바심을 느낀다. 개발 중에 있던 신체 강화 약물은 그 효과는 분명하지만 이성을 제어하지 못하고 폭력성을 극대화하는 부작용도 있었는데, 노먼은 이 문제를 해결하지 못하고 있었다.

하지만 그에게는 시간이 없었고, 결국 단기간에 어떻게든 개량한 것을 자신에게 임상 실험을 하기에 이른다. 그는 처음에는 이 약물의 위험성에 대해 알고 있었기에 영상으로 자신의 모습을 기록한다.

처음에는 평정심을 유지하려고 하고, 그럼에도 새어나오는 폭력성을 매우 경계하는 모습을 보이지만 점차 그 폭력성에 잡아먹히는 것이 영상 기록을 통해 관객에게 전달되어 안타까움을 유발한다.

결국 그는 자신을 만류하던 동료를 살해하는 것으로 선을 넘고 회사에서 쫓겨나면서 악당으로 거듭나게 된다.

노먼 오스본의 사례는 전형적인 만박의 형태를 갖추고 있다. 연구가 진행되면서 점차 그 목적이 변질되고 최초에 자신이 원하던 방향과 다른 곳으로 전개되면서 원래의 모습을 잃게 되는 것이다.

이런 만박의 형태는 영화나 문학 작품 속의 악당뿐만 아니라 국가가 쇠퇴하여 멸망에 이르는 과정에서도 찾아볼 수 있다.

대표적인 예가 원나라일 것이다. 초기에는 칭기즈 칸이 세운 거대한 몽골 제국이었다. 몽골 제국은 초기에는 국가를 통치하고 국민을 강성하게 하는 것에 집중하였다.

말기로 갈수록 국가를 돌보는 일보다 티베트 불교를 받아들여 그것에 국고를 낭비하는 것에 치중하게 되었다.

결국 사치와 향락을 일삼다가 국가가 쇠약해져 변방에서 힘을 키우던 명나라에 멸망하게 되었다.

원나라 멸망의 가장 주요한 원인으로 사치와 향락이 꼽히는 만큼 만박으로 인한 결과가 얼마나 파멸적인지를 보여주는 적절한 예시라고 할 수 있겠다.

하지만 만박으로 인해 좋지 않은 결과로 이어지는 것은 이렇게 개인의 파멸이나 국가의 쇠락 같은 거창하고 심각한 결과만 초래하는 것은 아니다.

연애나 친구를 사귀는 것, 학교 선생님으로서 학생들을 대하는 태도, 혹은 ROTC의 선배로서 후배를 대하는 태도 등 다양한 인간 관계나 자신의 본분을 다해야 하는 곳에서는 얼마든지 만박의 형태를 찾아볼 수 있다.

ROTC 선배님께 들었던 이야기를 하나 소개하고자 한다. ROTC에는 일반 훈련소와 달리 가장 처음에 기초 군사 훈련 때 후배들에게 배운 내용을 가르쳐주기 위해 1~2년 선배들이 기훈 멘토라는 직함으로 훈련소에 자원하여 오게 된다.

그런 사람들 중에는 후배들을 위해 오는 사람도 있지만 군대라는 계급 체계에서 자신의 위치에 심취하는 사람들도 있다.

그런 선배가 한 명 있었다. 처음에는 후배들에게 자신이 배운 것을 알려주기 위해 왔는데, 점차 후배들의 잘못을 꾸짖고 가르치던 사이에 자신의 위치에 심취하게 된 것이다.

사격 훈련장에서 총기의 탄알집으로 후배들의 머리를 때리고 다녔다고 했는지, 총구를 들이 댔다고 했는지 소문은 정확하지 않았다. 다만 그 일로 인해 징계를 받은 것은 확실했다. 이 역시도 만박에 해당하는 사례라고 할 수 있겠다.

만박의 결과는 깨짐이기에 그 결과를 돌이키기가 쉽지 않다. 중요한 것은 자신이 그렇게 최초에 정했던 목적과 달라지고 있다는 것을 자각하기가 매우 어렵다는 것이다. 어떤 일에 몰두하게 되면 자신의 모습이 보이지 않기 때문이다.

나도 글을 쓰다보면 처음에는 내가 경험했던 것들을 담아내기 위해 솔직한 자세로 글을 쓰기 시작하지만 나 자신을 부정적으로 바라보는 나의 관점상 글이 반성과 피드백에서 자기 비하로 변질되기 십상이다.

그래서 글을 써놓고 다시 읽어보면 자기 비하와 비난으로 가득차 결국 다시 쓰는 일도 있다. 또 책을 쓰면 마감 기한이 있는데, 그때까지 맞추지 못할 것 같아 불안해지면 결국 또 글을 쓰다가 이상한 방향으로 빠지거나 하고 싶었던 얘기와 달라지는 얘기를 적어서 책 전체에 통일감이 사라지는 것이다.

어머니께서는 그렇기에 만박을 늘 조심해야 한다고 하셨다. 그러나 그런 당신께서도 만박하는 일이 잦다고 말씀하시며 늘 도중에 멈춰서서 내가 지금 가고 있는 방향이 맨 처음 원했던 목적과 일치하는 것인지, 아니면 바쁘게 살면서 나에 대해 잊고 지내다보니 무엇을 하고 있는지조차 모르게 된 것인지 살펴보아야 한다고 하셨다.

어떤 일을 할 때든 내가 지금 만박하고 있지는 않은 지 경계하고 살피는 습관을 들여야겠다.

어쩌면 만박을 경계하는 가장 좋은 방법은 중간에 잠시 멈춰서서 뒤를 돌아볼 수 있는 여유를 가지는 것이 아닐까?

지금 일이 급하고 중요하다고 이것에 매몰되는 것이 아니라 주변을 둘러보고 전체를 살필 수 있는 여유와 시각을 가져야 할 일이다.

친한 사람을 대하는 것

나에게 있어 친한 친구라고 하면 서로 허물없이 대화하고 조금은 예의와 품위를 지키지 않고 막 대하기도 하는 그런 존재이다. 이런 친구들과는 서로 무례하게 대화하거나 실없는 말을 하긴 해도 전부 나에게 소중한 친구들이다.

그런데 친한 친구일수록 말을 막 하게 되는 것이 참 아이러니하다. 상대의 선을 분명히 알고 선을 지켜서 대화를 나누는 친구도 있지만 상대의 선을 잘 파악하지 못하고 말을 함부로 하다가 친구에게 상처를 주거나 불편하게 하는 일도 적지 않다. 친한 사람일수록 소중한 법인데 왜 이런 일이 발생하는 것일까?

애초에 서로 예의를 차려서 대하면 되는 일이 아니냐고 하면 할 말은 없다. 하지만 내가 워낙 장난 치는 것을 좋아하기도 하고 애초에 친구에게 예의를 차리면 뭔가 거리를 두는 것 같아 오히려 불편하게 느낀다고 생각했다.

하지만 서로 선이란 게 있지 않은가. 내가 친구의 선을 넘기도 하지만 친구가 나의 선을 넘기도 한다. 이렇게 서로 함부로 대하는 관계가 마냥 좋지는 않은데 허물없이 지내고 싶기도 하다. 이렇게 두 가지 마음이 충돌할 때 나는 허물없이 지내는 것을 택한다.

친구의 말에 상처받거나 불편하다는 생각이 들어도 전하지 않는 대신 나도 똑같이 하는 것이다. '저 친구가 저렇게 말한다는 건 나도 저 친구한테 똑같이 대해도 괜찮다는 거겠지?'

하지만 사람은 의외로 그렇지만은 않은 법이다. 그 친구가 나한테 하는 것처럼 그 친구를 대한다고 그 친구가 늘 아무렇지 않게 받아들일 것이라는 보장은 없다. 실제로 친구가 그런 부분으로 화를 내면 나는 곱절로 화가 난다.

이전에 참았던 것까지 전부 끌고 와서 서로에게 진흙을 던지듯이 싸우면 그걸 과연 친한 친구라고 할 수 있을까.

이건 상대를 탓할 문제가 아니다. 내가 줏대 있는 사람이라면 상대의 반응이 어떻든 늘 내가 친한 친구를 대하는 방식으로 대하고, 나의 선을 넘는 사람이면 똑같이 상대의 선을 넘는 것이 아니라 여기까지가 내 선이라고 확실하게 말해두는 것이 건전한 관계일 것이다.

그런 부분은 전혀 고려하지 않고 남들이 친한 관계는 서로 거의 비난하듯이 말하며 어울려 지내니까 나도 그렇게 해야겠다고 생각하는 건 어렸을 때나 그렇게 하는 것이다.

지금도 함부로 대하는 친구들이 있냐고 한다면 떠오르는 친구들이 많다. 미안하게 느끼고 있는 친구들도 있고, 내 쪽에서 오히려 불편할 때가 있다고 생각이 드는 친구들도 있다.

냉정하게 말하면 불편한 친구들은 관계를 끊는 것이 바람직하겠으나, 내 의견을 제대로 표현한 적도 없으면서 피해자 행세를 하며 일방적으로 관계를 끊는 것은 상대에게 무례한 것이다.

그러니 받은 만큼 돌려준다는 생각으로 대할 것이 아니라 친구 관계에 있어서도 최소한의 예의를 먼저 지켜야 한다. 친구 사이에 예의를 차린다는 것을 잘못 생각하고 있던 게 아닐까?

허물없는 대화를 하지 않고 겉으로 차리는 예의는 거리를 두는 것일지도 모르겠다. 사실 이조차도 잘 분간이 되지 않는다. 하지만 서로 이 정도는 지켜줬으면 한다는 말도 선뜻 하지 못하고 참기만 하다 싸우고 투닥거리는 건 친한 관계가 아니라고 단언할 수 있다.

이런 부분이 서로에게 있어서 지켜야 할 최소한의 예의이자 사람과의 관계 속에서 자연스럽게 터득해야 할 부분일 것이다. 늘 누군가에게 피해 끼치지 않으려고 조심해야겠다고 생각하더라도 누군가를 함부로 대한다면 그건 전부 조심하는 척이고 위선이 될 것이다.

친한 관계라고 생각하면서도 서로 상처 입히는 관계는 정리할 것이다. 그리고 친한 사람에게 무례해지지 않도록 나의 행동을 되돌아보고 줏대를 세워야겠다.

칸트의 정언명령 이야기를 다시 해보자면, 인간을 수단이 아닌 목적으로 대하라는 말은 상대가 그 자체로 소중한 존재로 다가올 때 가능한 것이다.

나는 내 친구들을 소중하다고는 말하지만 사실은 그저 내가 친하게 지낼 사람이 필요했기에 친구로 대하고 있는 것은 아닌가 반성하게 된다.

나 스스로를 부정적으로 평가하는 것에서 이런 일이 발생하는 것이 아닌가 하는 생각도 든다. 상대가 그 자체로 소중한 존재라면 얼마든지 대화를 통해 건전한 관계를 만들어갈 수 있을 것이다.

그럼에도 나 스스로에 대해 늘 부정적으로 평가하고 상대도 나를 그렇게 바라볼 것이라 단정을 짓는 것으로 상대에게 그런 이미지를 심게 되는 것을 아닐까?

나의 잦은 실수가 그런 이미지를 강화시킨다. 어느샌가 친구에게 나를 실제로 모자란 애로 인식하게 만드는 것이다. 그건 명백히 내 잘못이고, 그것으로 상처받아서 친구에게 화를 내거나 나도 똑같이 친구에게 대하는 건 관계를 악화시킬 뿐 해결책이 되지 않는다. 나를 무시하도록 여지를 제공하고 무시한다고 화내다니 이렇게 어리석은 일도 없을 것이다.

지금 친구들이 싫거나 그 관계가 불편한 것은 아니지만, 그런 불편한 순간들이 쌓이다보면 어느새 서로를 헐뜯기만 하는 관계가 될 것이다. 친구와 기싸움을 하는 것도 아니고 소중하다고 여기는 친구들인데 이런 관계를 지속하고 싶지는 않다.

내 의견을 제대로 이야기하고 서로 불편했던 것이 있다면 풀어나가야겠다. 제대로 미안하다고 사과도 하리라.

어쩌면 내가 밀어냈던 그 친구도 사실은 나와 이렇게 제대로 대화하고 싶었을 지도 모르겠다. 소중한 사람들에게 표현하는 방식을 좀 더 달리 할 수 있도록 변화해 나갈 것이다.

기억 복습하기

십여 년 전 기억이라고 해도 마치 어제 일을 기억해 내듯 선명한 기억이 있고, 일주일 전 기억이라고 해도 마치 십여 년 전 기억을 더듬듯 가물가물한 기억이 있다. 사람은 잊고 싶은 것은 빠르게 잊고, 기억하고 싶은 것은 오래 기억하게 되는 것일까?

초등학교 5학년 때 전학을 가고 난 뒤로 학교에서 거리를 재는 일이 어려워서 그랬던 것인지 친구들에게 민폐를 많이 끼쳤다. 나로서는 장난이었는데 당하는 친구 입장에서는 너무 갑작스러워 시비라고 느낄 만한 일도 많았고, 지금 내가 생각해도 이해가 안 가는 행동들을 많이 했다.

하지만 천천히 생각하면 내가 왜 그랬는지는 이해할 수 있다. 내 행동인데 내가 이유를 모른다면 그건 거짓말이다. 그런데 마치 칼로 자르듯 초등학교 6학년에서 중학교 1학년 정도까지의 기억이 거의 없다. 그 시절의 사진을 봐도 이때 이런 일이 있었는지 전혀 기억이 안 나고 담임 선생님 정도만 기억이 난다.

내가 주변 사람들을 어떻게 대했는지 그 일화들이 기억이 안 나는 것이다. 지금 친구 중에 그 시절에 같은 반이었던 친구가 있어 그 시절의 나에 대해 물었다.

잘 기억이 나지 않는다고 하자 늘 다른 사람에게 시비를 걸고 눈치도 없었다는 말과 함께 그렇게 기억이 나지 않는다는 편한 말로 넘어가냐, 네 기억을 너무 너한테 유리하게 쓰는 것이 아니냐는 답변이 돌아왔다.

할 말이 없었다. 그 시절의 나는 실제로도 눈치가 없고 기이한 행동들을 많이 했던 것 같은데 별로 기억나는 것이 없다니. 일부러 기억하고 싶지 않아 머릿속에서 지워버렸나 하는 생각마저 들었다;

이렇게 기억해야 할 일을 편리하게도 기억하지 않는 것은 특히 범죄자들에게서 많이 보인다. 학교 폭력 가해자나 뇌물을 받은 정치인, 뉴스에 나오는 학교 폭력에 연루된 연예인 등 다양한 사람들이 하는 말이 기억이 나질 않는다는 말이다.

단지 책임을 회피하고 자신에게 불리한 진술에 대답하지 않기 위해 기억이 나지 않는다고 말하는 것이 대부분일 것이라고는 생각한다. 하지만 내가 나에게 불리한 기억들을 편하게 잊어버린 것처럼 그들도 자신의 행동들을 전부 잊어버린 것이 사실일지도 모르겠다는 생각도 든다.

이렇게 기억에 취사선택이 있어도 괜찮은 것일까? 분명 좋은 것만 기억하며 살아가기에도 인생이 짧은 것은 맞지만 그럼에도 잊지 말아야 할 일들도 있는 것이다. 내가 여기저기 다니며 눈치 없이 행동했던 것들은 잊었으면서 그 시절에 장난쳤던 건 멀끔히 기억한다.

이번 학기에 배웠던 것들은 벌써 가물가물하지만 중학교 때 수학여행 가서 몰래 친구 핸드폰으로 게임하고 밤새 추억을 만들었던 것은 아직도 생생하다. 왜 어떤 기억은 생생하고, 어떤 기억은 별로 남지 않는 것일까?

에빙하우스의 망각 곡선에서 그 답을 찾을 수 있지 않을까. 복습과 같은 개념인 것이다. 기억하고 싶지 않은 일은 머릿속 깊은 곳에 넣어놓고 다시 꺼내보지 않는다.

그럼 그 기억을 관장하는 시냅스의 연결이 서서히 약해진다. 그쪽으로 전기 신호가 가지 않는 것이다.

반면 내가 기억하고 싶은 추억이라고도 할 수 있는 것은 기억 속에서 계속 꺼내보고 보물처럼 간직한다. 그럼 그 기억은 마치 사진 장면처럼 내 머릿속에 남아 생생하게 느껴지는 것이다. 아마 그런 기억들을 관장하는 시냅스는 굵고 단단하게 연결되어 있을 것이다.

그러니 안 좋은 기억은 잊고 좋은 기억은 오래 간직하는 것이다. 이 설명이 정확한 것인지는 잘 모르겠으나 적어도 이렇게 생각하면 내가 해야 할 일은 분명해진다. 잊어버리고 싶은 기억일수록 더 자주 생각하고 되새겨서 복습하는 것이다.

수업 때 배운 내용의 경우에는 잊고 싶은 기억은 아니다. 다만 그 학기가 끝나고 나면 다시 떠올릴 일이 없어 잊어버린다. 그러니 이렇게 글로 정리하고 학기 중에 배웠던 내용을 다른 곳에 적용해보려고 하면서 복습하면 잊어버리지 않을 것이다.

잊고 싶은 기억이라 하면 누군가와 다투고 말싸움을 벌였던 일일 것이다. 누군가와 말싸움을 했다면 반드시 내 잘못이 아닌 것은 없다. 하지만 좋은 기억은 아니니 떠올리고 싶지는 않다.

그런 기억일수록 더더욱 복습하고 내 잘못을 떠올려서 다음에 같은 일이 일어나지 않게 해야 한다. 그것이 실수로부터 배우는 것이다.

나는 했던 실수는 반복하고, 이전에 분명 똑같은 이유로 싸웠던 것 같은데 또 같은 이유로 비슷한 상황이 전개된다. 그건 내가 이전 잘못으로부터 배우려 하지 않고 회피하려고 하는 성향 때문일 것이다.

그러나 회피만 해서는 성장도 없고 상대에게도 매우 무례한 태도이다. 싸웠다는 건 서로가 감정 주체를 못한 것이다. 어느 한 쪽만 잘못해서는 성립하지 않는다.

원인 제공만이 잘못이 아니기 때문이다. 그런데 같은 일이 반복되는 것은 내가 내 잘못을 인정하지 않는다는 것이다. 이전보다 더 불쾌할 수밖에 없다.

고등학교 때는 친구가 나에게 초등학교 시절 얘기를 하면 내가 그랬다는 것이 믿기지 않았다. 일부러 나를 놀리고 장난으로 나쁜 사람 만들기 위해 부풀려서 말한다고 생각했다.

하지만 지금은 그렇게 생각하지 않는다. 그것을 내가 진짜 했는지 그 친구가 거짓말한 것인지는 별로 중요하지 않다. 중요한 것은 내가 그런 것조차 사실 구분이 안 될 만큼 당시의 기억이 남아있지 않다는 것이고, 그런 일을 할 만한 사람이었는지조차 판단이 되지 않을 정도로 생각없이 행동했다는 것이다.

지금은 내 행동의 잘못을 반성하기 위해 계속 기억을 더듬는다고는 하지만 여전히 많이 부족하다. 어딘가에 적어두어도 기록을 했으니 머릿속에서 지워버리고는 다시 그 메모를 들여다보지 않는다. 그러니 일기에 기록했다고 끝낼 것이 아니라 다시 그 일기를 들여다보고 나의 행동을 매일 반성하는 시간이 필요하겠다.

기억하고 싶은 것만 기억하는 것은 상대에게 무례할 뿐 아니라 나 자신에게도 어떻게 독이 될 지 모른다. 친구가 장난 삼아서 내가 하지 않았던 일을 내가 했다고 말했으니 다행이지 악의를 품고 내가 하지 않은 잘못을 날조했다면 어떻게 반박할 것인가? 결국 나의 약점을 드러내는 것이다.

상대에게 예의를 차리기 위해서도 있지만, 나를 소중히 하기 위해서라도 기억을 되새겨서 배운 것들을 잊지 말아야겠다.

말의 무게

나는 내가 누구에게 어떤 말을 했는지 잘 기억을 못하는 경향이 좀 있다. 아무렇지 않게 상처를 줘 놓고 기억도 못하는 건 최악의 경우이지만 아직 그런 경우는 별로 없었던 것 같다.

내가 말하는 건 했던 이야기를 같은 상대에게 또 하거나, 혹은 이런 이야기를 전에 했던 적이 있다고 기억하지 못하는 것을 말하는 것이다.

친구에게 했던 얘기를 또 해서 "그건 지난 번에도 말했는데?" 라는 말을 듣거나 내가 한 말을 기억을 못해서 친구가 당황하는 일은 사실 그 순간이 지나면 별로 대수롭지 않게 여기게 된다. "어, 내가 그랬던가?"

하지만 이 말은 친구의 기억에 남아서 나를 말을 생각없이 하는 사람 혹은 말을 가볍게 하는 사람으로 여기게 만들지도 모른다. 실제로도 내 말에 무게는 별로 느껴지지 않는다.

평소에 하는 가벼운 대화야 기억하지 못해도 별로 대수롭지는 않지만 가끔 내가 했던 말인데 기억 안 나냐는 말을 들으면 당황스럽다. 상대도 당황한다. 웃긴 상황이지만 별로 그런 상황이 달갑진 않다.

문제는 진지한 대화 속에서 한 말이 기억나지 않는다는 점이다. 진지한 대화를 할 때에는 별 생각 없이 말하지 않는다. 진정으로 생각하는 것을 말한다.

그런데도 대화가 끝나면 어떤 말을 했는지 기억이 잘 안 난다. 글을 쓸 때도 마찬가지여서 진심을 담아 꾹꾹 눌러쓴 편지나 나의 고민 등을 담은 글들도 나중에 다시 읽어보면 처음 보는 내용 같다. 왜 유독 내가 한 말을 잊어버리는 것일까?

어쩌면 생각에 무게가 없던 것처럼 말에도 무게가 없었기 때문이었던 것은 아닐까 하는 생각이 들었다. 그 당시에는 진심이었다고 생각했는데 잊어버리니 당혹스러웠다.

상대가 나에게 이런 말 했었는데 기억나지 않느냐고 물어봤을 때 내가 그랬냐는 반응이었으니 상대도 당혹스러웠을 것이다.

고등학교 때는 이타적이고 사람에게 관심이 많은 자아상을 가지고 있었다. 그런데 대학에 오고 시간이 좀 지나니 내가 생각보다 많은 것들을 내 관점에서만 생각하고 타인에 대해 별로 관심도 없다는 생각이 들었다.

이런 생각이 처음 들었을 때에는 충격도 좀 받고 스스로에게 실망도 했다. 내가 여태까지 남에게 했던 조언이나 행동들이 전부 무책임하게 느껴졌다. 기억도 못하는데 이걸 진심이라고 할 수가 있나 싶었다.

조금 바보같이 느껴지지만 스스로 대답을 내리기가 어려운 문제라 AI에게 상담했다. ‘나에게 이런 문제가 있는데, 어떻게 고쳐야 할 지 모르겠다. 내 말들에 진심이 없었던 건 아닐까’하고 질문했는데, 뜻밖의 대답이 돌아왔다.

AI가 거론한 것은 자이가르닉 효과였다. 나는 실제로 누군가에게 어떤 말을 하기 전에 하고 싶은 말을 정리한다. 그렇게 안 하면 두서없이 말하게 되어서 상대가 잘 알아듣지 못했다.

그렇게 상대에게 말을 하고 나면 내가 한 말은 내 안에서 하려고 했던 상태에서 전달이 완료된 상태로 바뀐다. 그럼 내 뇌가 그것을 완료된 작업으로 여기고 지운다는 것이다.

이전에는 생각해보지 못했던 관점이었다. 이 관점에 따르면 가볍게 말을 던지든 천천히 생각하고 진심을 담아 이야기하든 잊어버린다는 것이다.

내 주변에는 자신이 한 말을 정확히 기억하는 친구들도 있어서 AI의 대답을 완전히 확신하지는 못하겠다. 하지만 적어도 내가 했던 말을 기억하지 못한다고 해서 그 말에 진심이 담기지 않았다고 볼 수만은 없겠다는 생각이 들었다.

하지만 그래도 내가 한 말이 기억나지 않는 것은 별로 유쾌한 기분은 아니다. 상대에게 미안하기도 하고 무슨 말을 했을지 몰라 긴장되기도 한다.

그래서 내 말이 휘발되지 않도록 무게를 더하려고 한다. 내가 하는 말이 휘발되어 무책임하게 말을 한다고 느끼지 않도록, 그리고 상대도 나와의 대화에서 당황하는 일이 없도록 하고 싶다.

생각에 무게를 실을 때 생각이 갖는 의미와 조건들을 고려하려고 했듯이 말을 할 때도 이 말이 나오는 맥락과 상황 등을 기억해서 넓은 시야로 보고 말을 하면 무게가 더해질 것이다.

말이 가볍다는 것은 별 생각 없이 튀어나오는 말을 가리키기도 하지만 전체적인 맥락을 보지 못하고 내 좁은 시야에서 상대에게 하고 싶어서 하는 말도 포함된다고 볼 수 있을 것이다.

나의 말이 상대에게 어떻게 느껴질지를 생각할 뿐만 아니라 그 말이 시기적절한 것인지, 한 쪽에 치우친 의견은 아니었는지 숙고하는 자세를 지니게 되면 지난 나의 발언을 잊는 일이

줄어들지 않을까?

AI에게 물어봤을 때는 내게 위안이 되는 쪽으로 답변을 해주어 마음이 조금 편해졌지만 여전히 내 말을 잊어버리는 것은 책임감 없는 행위라고 생각한다. 상대에게 실례가 되지 않도록 고쳐 나가야겠다.

첫 훈련을 마치며

첫 훈련을 마치고 나오며 아직 장교로서의 마음가짐도 체력도 뭐 하나 준비된 것이 없다는 생각이 들었다. 당장 장교의 꿈을 가지고 입단한 것도 아니기에 더더욱 아무런 책임감도 없이 훈련에 임하는 내 모습이 부끄럽기도 했다.

선배들이 빛나 보이는 것은 단순히 고된 훈련을 버텨낸 사람들이기 때문만은 아닐 것이다. 분명 그들 중에는 기초 체력이 부족했던 사람도 있을 것이고, 그저 친구 따라서 지원한 사람도 있을 것이다. 그러나 세 번의 훈련을 받는 동안 저마다의 이유를 찾아 끝까지 이곳에 남아있었을 것이다.

누군가는 단순히 지원받았던 돈을 다시 낼 엄두가 나지 않아 버텼을 수도 있겠다는 생각도 했다. 그것도 대단하다.

단기 복무 지원금은 장교로서의 복무를 독려하기 위한 것으로, 그 돈을 받을 만한 가치를 스스로 증명했기에 받는 것이다. 세 번의 힘든 훈련을 견뎌내고 일반 병사들을 잘 통솔할 수 있는 인재가 되어 나가는 것이기에 후배의 입장으로서 그들이 빛나 보일 수밖에 없는 것이라고 생각한다.

훈련소에서 수료식을 마치고 나가기 전날 밤, 기훈 멘토로 들어오셨던 선배님께 이곳에 온 모두가 멋진 장교가 될 것 같냐고 물어봤다. 솔직한 답변이 돌아왔다. 이런 친구가 과연 장교로 임관해도 되는 걸까 싶을 정도로 부적합해 보이는 친구들도 더러 있었다고.

훈련을 받으며 바뀌는 친구도 있고, 끝까지 장교답지 않은 면모를 보이다가 결국 군대에서 무시받고 소대장으로서의 임무를 제대로 수행하지 못하는 친구도 있을 것이다.

하지만 그것도 본인의 선택이고, 장교로서의 마음가짐을 길러내어 훌륭하게 소대장으로서의 임무를 완수하는 것도 본인의 선택이다.

그리고 그 선택은 내가 어떤 장교가 될 것인지 얼마나 명확하게 자각하고 있느냐에 따라 달라질 것이다.

주변에서는 내가 장교가 되는 것을 만류했다. 군대를 다녀온 친구는 네가 소대장을 할 수 있겠냐며 웃기도 했다. 솔직히 화도 안났다. 나 역시 그렇게 생각했기 때문이다.

누군가를 지도하고 통제하기는커녕 내 일도 완벽하게 처리하지 못하는 데 야전에 나가서 나보다 군 경력도 긴 병사들을 통제하려고 하면 당연히 잘 안 될 것이다.

그들을 어떻게 대해야 할 지도 감이 안잡히고 무시당할 것 같은 걱정도 된다. 졸업할 때까지 이렇게 자신 없는 태도로 훈련을 받으면 내가 걱정하던 일이 현실로 다가올 것이다. 그럼 아래에서는 무시받고 위에서는 내가 맡은 병사들을 통제하지 않는다고 혼난다. 그렇다고 탈단을 하고 싶지는 않다.

나는 장교가 되는 길을 택한 내 선택에 나름대로 책임을 느끼고 있다. 건강상의 문제로 부득이한 상황이 아니라면 단순히 자신이 없다는 이유로 탈단하고 싶지는 않은 것이다.

변하려고 온 건데 변하지도 않고 지레 겁부터 먹으면 해낼 수 있는 일이 없다. 그러니 ROTC에 지원한 것은 스스로에 대한 도전인 셈이다.

지금은 아직 부족한 것이 많다. 왜 장교가 되고 싶냐는 질문에 내 변화만을 생각하고 있을 뿐 병사들을 통솔하는 자리에서 어떤 장교가 되고 싶은지에 대해서는 아직도 답변할 수 없다. 그만큼 아는 것도 없고, 누군가를 통솔하는 내 모습이 상상이 되지 않는다.

하지만 뭐 어떤가 싶다. 책을 쓰기 전까지는 내가 책을 쓰게 될 것이라고 생각도 해 본 적 없다. 은사님께서 책을 쓰라고 하셨을 때도 선뜻 나서서 써보겠다고 말하지 못했을 정도로 내게는 먼 세상의 일이었다.

정작 글을 써보니 서툴지만 나의 경험과 생각을 담아 실제로 책을 낼 수 있었고, 이 책의 깊이는 조금 얕을지라도 책을 한 권 내봤다는 경험은 단순히 작가로서의 의미가 아니라, 이전까지 상상도 못한 일에 도전해서 그 도전을 끝까지 밀어붙였다는 것에 의의가 있는 것이다.

그리고 그 첫번째 시도의 경험이 있기에 지금 두 번째 책을 쓰고 있는 것이다.

그러니 장교로서의 내 모습이 상상이 되지 않더라도 상관없다. 책을 쓰는 것과 마찬가지로 지금 배우는 것들을 숙지하고 훈련에 진지하게 임하다보면 해낼 수 있을 것이라는 자신감이 있다.

훈련소에서도 동기들과 장난 치고 실없는 말을 주고받으며 놀기도 했지만 훈련에 임할 때는 진지한 태도를 취했다. 제식에 맞추어 부대 내에서 통일된 자세를 취해야 했을 때는 하기 싫다는 마음가짐이 아니라 장교로서 부대를 통솔하는 모습을 꿈꿨다.

다른 부대와 이동 간 경로가 겹치는 일이 없게 지휘해야겠다는 생각으로 늘 기훈 멘토의 지휘를 따르며 장교로서의 모습을 보고 배웠다.

이런 것들이 모이면 지금은 앞길이 막막해보여도 언젠가 자격을 갖춘 모습이라고 말할 수 있게 되는 것이 아닐까?

쉽지는 않은 길일 것이다. 책을 쓰는 것이 상상 이상으로 많은 요소들을 고려하여 써야 했던 것처럼 사관후보생으로서 훈련에 임하는 것도 체력과 근력, 근성을 요구한다.

체력이 없어 행군이나 각개전투 등 버겁게 느껴졌던 훈련들도 분명히 있었지만, 그럼에도 바뀌겠다는 생각으로 선택한 ROTC인 만큼 중간에 포기할 수는 없었다.

훈련소에서 나온 뒤로는 하계 때 더 체력 소모가 심할 것을 대비하여 꾸준히 운동하고 배운 것을 상기시키고 있다. 기초군사 훈련 때 부족했던 점들을 보완하고자 한다.

이번 훈련 때 부족했던 부분을 4학년 하계 훈련 때까지 또 보완해서 졸업할 때 즈음에는 나도 ROTC 후배들에게 빛나는 장교의 모습으로 당당하게 서있을 수 있도록 성장할 것이다.

그때는 내 친구들도 내가 장교를 하겠다고 하는 것을 웃어넘기지는 못할 것이다.

이 다짐이 작심삼일로 끝나지 않도록 무게를 더하고 늘 스스로에게 질문할 것이다.

나는 어떤 장교가 되고 싶은가?

앞으로의 길에 있어서도 내가 어떤 마음가짐으로 지금 하는 일에 임할 것인지, 이 일을 통해 어떤 것을 이루고 싶은 것인지 스스로에게 끊임없이 질문하며 앞으로 나아가야 할 것이다.

에필로그

나는 초등학교 때 전학을 간 이후 친구를 사귀는 것에 어려움을 겪었다. 거리감을 재는 것도 서툴렀고 눈치도 없었다.

하지만 그때 친구를 사귀고 싶어서 나의 어떤 점이 친구들에게 좋지 않게 느껴졌을지 열심히 생각했다. 아마 내 생각을 늘 남의 시선에서 돌아보고 반성하는 것은 그때 생긴 습관인 것 같다.

그렇게 몇 년 동안 나에 대해서 생각해 온 것은 조금 부정적이긴 해도 몇 번이고 수정을 거듭해오며 생각해 온 것들이었다. 나의 첫 번째 책에 담긴 내용은 그런 고찰들을 글로 다듬어서 정리한 것이었다.

철학과에 오게 될 줄은 몰랐지만 막상 와서 배운 내용들은 내가 고민하던 문제들에 답을 제시하기도 하고, 나의 의견이 틀렸을 수도 있다는 것을 깨닫게 해주기도 했다. 그렇게 나의 첫 책은 철학과 관련된 내용들로 구성할 수 있었다.

솔직하게 말하면 첫 번째 책에 나오는 철학자들은 전부 잘 알지 못한다. 그들의 사상 중 수업시간에 배우지 않은 것도 있다. 이 책을 쓸 때 나의 경험들이 철학적으로 어떻게 비춰질 수 있을지 AI에게도 물어보고, 은사님께도 상담을 드렸다. 그렇게 해서 쓴 책이다.

두 번째 책은 훈련소에서의 일화를 최대한 담고자 했다. 훈련소에서 보고 배운 것들과 일상에서 벗어난 환경이 주는 가르침들, 그리고 훈련소에서 나와 새롭게 느끼게 된 것들을 정리하고 최대한 철학적인 관점과 함께 녹여내고자 했다. 그런데 다 적고 나니 내 생각들로 가득한 것 같다.

원고 작업이 끝나고 첫 번째 책에서 철학 노트에 적었던 철학자들의 사상을 다시 떠올리며 수정 작업을 거쳤지만 두 번째 책도 철학에 대한 배움보다는 내 경험에 대한 에세이의 느낌이 더 강하다는 생각을 지울 수가 없다.

이렇게 책을 내는 과정이 힘들기도 하지만 나의 사고에 철학을 접목시키는 일이 즐겁기도 하다. 강의 시간에 배울 때는 지루하다고 생각하다가도, 평소에 철학 이야기를 접하거나 나의 경험에서 수업시간에 배운 것이 떠오를 때는 금방 그것에 빠져든다. 두 번째 책에서는 그런 부분들이 좀 더 드러났으면 하는 바람이다.

1학년 때 배웠던 철학은 철학 그 자체보다는 철학을 하는 기초를 배우는 느낌이었던 지라 나를 되돌아보게 하는 개념이 많았다. 2학년에 올라와서 배운 철학사는 철학을 했던 사람들의 논쟁이나 사건들이 주를 이루었다.

아마 학년이 올라가면서 더 어려운 것을 배우게 될수록 나의 일상에 철학을 접목시키는 일이 쉽지는 않을 것이라고 생각한다. 근대로 넘어오면서 이성의 힘을 강조했던 철학 사조를 배우게 되면 할 이야기가 많아지겠지만, 그 이전의 철학 사조도 함께 알아야 그 의미를 더 깊게 알 수 있게 될 것이다.

그러니 조바심내지 않고 지금 배우는 철학이 일상과는 동떨어진 것처럼 느껴지더라도 즐거움을 느끼며 배워가고자 한다. 이번 책에는 그런 의미에서 철학에서 배웠던 개념과 연관지어서 쓰기보다는 내 경험을 중심으로 반성하고 철학적으로 사고하고자 했다.

그럼에도 아쉬운 부분이 남는 것은 어쩔 수 없나보다. 훈련소에서의 재미있는 일화들도 담고자 했으나 책의 성격에 맞지 않고 배운 점과 함께 쓰기에도 애매한 에피소드들은 전부 담지 못했다. 게다가 보안 사항이 되는 것들은 자세히 서술할 수 없어 그런 부분도 신경 써서 쓰다 보니 설명이 부족하여 한 눈에 이해되지 않게 글을 쓴 것은 아닌지 걱정도 된다.

첫 번째 책과 마찬가지로 정답을 제공하는 것이 아니라 온전히 나의 생각을 담아내고자 하는 생각으로 쓴 책이라 많이 부족하다. 스스로도 부족함이 느껴지는 만큼 사실은 어떤 출판사에서도 선뜻 받아줄 만한 책이 아님에도 이렇게 글을 쓸 수 있다는 사실이 감사하다.

훈련소에서 나와 함께 훈련받으며 힘든 시간을 버틸 수 있게 해줬던 동기들과 아무것도 모르는 상황에서 장교로서의 첫 걸음을 내디딜 수 있게 도와주신 훈련소 멘토 선배들께도 감사하다.

그 외 주변에서 집필 활동을 응원해주신 많은 분들과 좋은 이야기를 나누어 준 우리 가족, 그리고 이 책이 나올 수 있도록 해주신 은사님께 감사의 말씀을 전하고 싶다. 더 성장하는 모습으로 은혜에 보답할 수 있기를 소망한다.

Become who you are
너 자신이 되어라

- 니체 -

일상을 벗어난 철학

초판 1쇄 발행 2026년 2월 25일

지은이 오세찬
펴낸이 권지현
펴낸곳 이음과펼침
책임편집 이음과펼침 편집부

출판등록 2025년 7월 21일 제2025-000129호
주소 서울시 서초구 양재동 392-3, 202B
이메일 connectnbloom@gmail.com
원고투고 connectnbloom@gmail.com
홈페이지 www.connectnbloom.com

ISBN 979-11-24329-11-5(03810)

· 가격은 뒤표지에 있습니다.

· 파본은 구입하신 서점에서 교환해 드립니다.